成长的快乐
——幼儿社会实践活动探索

主　编　伟华　晖
　　　　刘宁　吴晓妹
副主编　　明莉　徐晓娜
编　委　刘　华　何丽颖
　　　　傅启　谭雅文
　　　　吕珊　吴迪
　　　　王杰　钟璐
　　　　张坤　韩海娜
　　　　关秀颖　邢娜娜
　　　　孙娟　白雪峰
　　　　张琳　韩晓蕾
　　　　都琳娜　刘丽丽
　　　　李雪　徐立
　　　　王立曼

珊旭　伟莹
胡珊晓昱　黄宏雯
原晓菁华　安济莉
李丽宇　刘琪滢
王卫华　王丽明
邢晓周丽妍
周惠慧　徐滢莹
黄晓玲　李于奇
叶汝敏　周丁池
曹李星冬　李宇鹏
刘伟　刘于海
于

辽宁师范大学出版社
·大连·

凤城市实验幼儿园简介

凤城市实验幼儿园始建于1956年9月,是凤城市唯一一所公办幼儿园,隶属凤城市教育局。园所建筑面积4059平方米,占地面积3571平方米,户外活动场地近2170平方米。全园有14个教学班,400多名幼儿。目前有62名教职员工,大专及以上学历者达到100%,本科学历者占50%以上,拥有学士学位者4人。

幼儿园注重保育和教育相结合,把游戏贯穿于主题教育活动中。让幼儿在丰富多彩的活动中发现、体验、探索,在温馨和谐的环境中生活、学习、成长,使每一名幼儿都有一个快乐的童年。省级科研课题"幼儿社会实践活动园本课程的开发与利用"获辽宁省优秀科研课题成果奖,"幼儿社会实践活动"已成为幼儿园的园本课程。

实验幼儿园的教师队伍是一个爱生如子的优秀群体,他们在生活中是妈妈,在游戏中是伙伴,在这平凡而又不平凡的岗位上,叙写着一个个感人至深的故事。他们用奉献和执着,对"爱"字作了最好的诠释和注解。他们从"树一流形象、献一片爱心、洒一身汗水、创一流业绩"的工作目标出发,一步一个脚印,走出了一个又一个辉煌!

实验幼儿园始终坚持"为了孩子全面和谐发展"的办园宗旨,一路走来,取得了许多骄人的成绩:省级示范幼儿园、省五星级幼儿园、省幼教先进集体、省优秀科研组、省三八红旗集体、省级家长学校示范校、五一巾帼先进集体、丹东市新课程改革先进校、丹东市学前教育先进集体、凤城市学前教育先进集体等。

树一流形象
献一片爱心
洒一身汗水
创一流业绩

序言

幼儿阶段是人社会性发展的重要时期，这个时期人的个性初具雏形。社会化是儿童学习与发展的中心任务之一，社会领域的学习与发展，其实质在于促进儿童社会化，并在社会化的过程中逐渐形成良好的社会性与个性。

"体验"，既是一种活动，也是活动的结果。在社会领域中，"体验"是一种必要而且有效的学习方式。陈鹤琴先生曾说："大自然、大社会都是活教材。"在幼儿社会实践活动中，我们充分利用自然资源、社会资源及家长资源，让孩子们在充满兴趣的状态下，在最真实的生活中，用眼、手、心、身去获得最直接的体验，不知不觉地接受教育的影响和作用。

"幼儿社会实践活动"是凤城市实验幼儿园的园本课程，获得辽宁省优秀科研课题成果奖。我们以幼儿社会实践活动为载体，生成幼儿感兴趣的教育活动主题，让孩子们通过对社会角色的体验，了解一些基本的生活常识和社会行为准则，增强幼儿生活自理能力，着眼于幼儿行为习惯的养成，为幼儿的终身学习打下坚实的基础。其中收集的教学案例，是几年来从园长到一线教师积极探索和努力发现的幼儿感兴趣的活动主题，结合地区特色和班级幼儿的年龄特点开展的丰富多彩的幼儿社会实践活动的一些成功的经验，能够给更多的同行提供可借鉴的幼儿社会实践活动案例，也能让孩子们在更多的实践活动中，情感得到培养，能力得到提高。

目前，"幼儿社会实践活动"已经得到幼儿家长的高度认同和大力支持，家长们已经在我们的园本课程中看到孩子的成长和进步，感觉到这一活动是幼儿认知社会的绝好途径，更看到了在活动中孩子们的快乐体验和成长。因而，我们愿意积极地实践和积累，让更多的孩子都能在童年中感受到无穷的成长的快乐。

刘 伟

2018 年 1 月

目录

幼儿园总体方案

- 01 走进小学 /2
- 02 参观"满园" /4
- 03 美丽的凤凰山 /6
- 04 参观银行 /8
- 05 种植活动 /10
- 06 走进超市 /12
- 07 走进农科院 /14
- 08 走近消防员 /16
- 09 走进邮局 /18
- 10 环保小卫士 /20

托班、小班活动方案

- 11 端午风俗纪念册 /22
- 12 新生半日体验活动 /24
- 13 制作水果沙拉 /26

中班活动方案

- 14 各种职业的人 /28
- 15 快乐端午粽飘香 /30
- 16 美味的汉堡 /32
- 17 新年——制作愿望树 /34
- 18 感恩母亲节 /36
- 19 我爱爸爸 /38
- 20 紧急"火情"下的"小散兵" /40
- 21 丰收的果实——水果、干果造型 /42
- 22 爸爸我爱你 /44
- 23 中秋亲子DIY制作灯笼 /46
- 24 快乐的生日 /48
- 25 阅读伴我成长——亲子阅读活动 /50
- 26 亲子DIY饼干 /52
- 27 我的好爸爸 /54
- 28 水果乐翻天 /56
- 29 五颜六色的世界 /58
- 30 消防员叔叔来了 /60

大班活动方案

- 31 有趣的玉米叶 /62
- 32 走进军营 /64
- 33 美丽的扇子 /66
- 34 纸盒变变变 /68
- 35 亲子时装"秀" /70
- 36 今夜我住幼儿园 /72
- 37 团团圆圆过中秋 /74
- 38 小小魔术师 /76

混龄班活动方案

- 39 走进春天,收获快乐 /78
- 40 小鬼当家——跳蚤市场 /80
- 41 放飞风筝 放飞梦想 /82
- 42 父亲节活动——手绘T恤 /84
- 43 亲子采摘快乐行 /86
- 44 秋的足迹——"树叶粘贴画" /88
- 45 祖国妈妈我爱你 /90
- 46 端午节——制作龙舟 /92
- 47 走进车世界 /94
- 48 大手拉小手 快乐父亲节 /96
- 49 吃火锅 /98
- 50 地震来了 /100
- 51 快乐自助餐 /102
- 52 迎国庆——亲子创意美术制作 /104
- 53 包饺子 /106
- 54 安全标志 /108
- 55 重阳节亲子活动 /110
- 56 保护环境从我做起 /112
- 57 春游 /114

幼儿园总体方案

01 走进小学

对象：全园大班幼儿

为让大班幼儿更好地了解小学，做好幼小衔接工作，我们组织幼儿到小学参观，了解小学生的学习与生活。通过观察及亲身感受，让幼儿自己去发现小学与幼儿园生活的不同，为大班幼儿顺利过渡到小学生活做好生理和心理上的准备。

活动目标

1. 感受和了解小学生的学习和生活。
2. 通过观察实践，激发幼儿对小学生活的向往之情。

成长的快乐——幼儿社会实践活动探索

活动准备

活动前与小学取得联系，计划好参观内容（幼儿与小学生共同上一节课，观看学校课间操，小学老师为幼儿讲解做小学生的要求）。

活动过程

1. 大班幼儿集合后，听业务园长讲明要求，步行到东方红小学。
2. 参观小学的校园环境。
3. 幼儿与小学生共同上课，了解小学生上课时如何发言、看书、听讲等，熟悉小学的学习生活。
4. 幼儿听学校主任讲解如何做一名合格的小学生。
5. 观看学校课间操。
6. 讨论：说说幼儿园与小学的不同，幼儿针对自己的所见所闻对小学与幼儿园生活进行比较。

活动延伸

幼儿可以通过绘画等形式记录所见所闻。

活动反思

本次走进小学活动中，幼儿与小学生共同上了一节语文课。通过这种形式，幼儿对小学的生活有了一定的了解，对自己今后的小学生活有了初步印象。学校主任给幼儿讲了作为一名小学生，应该做到哪些，使幼儿更加明确了小学生的日常行为规范。幼儿通过观察校园环境、观看学校课间操，感受到了小学校园的氛围与文化，产生了对小学生活的向往。

幼儿完全沉浸在与以往不同的环境中，观察、感受、了解、提问，这不仅使幼儿接触到了全新的学习形式与生活方式，还培养了他们的观察力和理解力，使幼儿对小学生活有了更深刻的印象。这次活动丰富了幼儿的学习经验和社会经验，促进了幼儿间的交流，使他们对小学生活有了初步的印象和感受。

02 参观"满园"

对象：全园大班幼儿

我们的家乡凤城市是满族人口居多的少数民族地区。满族历史悠久，有自己民族的语言、文字。满族人民勤劳勇敢，在历史发展过程中，满族人民对祖国的发展做出了重要贡献。凤城市是满族之乡，作为满族之乡的孩子应该了解自己家乡的文化。"参观'满园'"这一实践活动，旨在通过参观，让幼儿了解满族风情，如：满族人穿的旗袍、旗鞋，睡的万字炕等，激发幼儿喜爱满族文化的情感。

活动目标

1. 通过参观"满园",知道凤城市是满族之乡;通过观看满族人的服饰,知道头冠、旗袍、旗鞋的特征。
2. 通过观察满族建筑,了解万字炕是具有满族特点的建筑。
3. 培养幼儿爱家乡的情感。

活动准备

联系"满园",确定参观具体事宜。

活动过程

1. 活动前的准备:向幼儿说明参观的目的和要求。
2. 参观"满园"。"满园"是在凤凰山脚下修建的具有浓郁满族风情的建筑,工作人员均穿着满族服饰,提供的食品以满族风味为主。

满族服饰:头冠、旗袍、旗鞋。

满族建筑:万字炕。

3. 讨论:满族人还有哪些风俗习惯?回家后与父母讨论分享。

活动反思

幼儿在具有浓郁满族风情的"满园"观看了满族服饰,并通过看一看旗鞋,摸一摸旗袍,戴一戴头冠等活动,对满族的服饰有了初步的了解。通过看万字炕,到上面坐一坐等活动,逐步了解了万字炕的特点。幼儿还通过讨论活动,加深了对满族风情的理解。这项活动把幼儿带到具有满族特色的环境之中,认识并了解了满乡文化,让幼儿在实践中学习,在玩玩乐乐中感悟满族服饰和满族建筑的特点,使枯燥的学习变得新鲜充实,促使满乡孩子萌发热爱家乡的美好情感。

03 美丽的凤凰山

对象：全园幼儿

凤凰山是凤城市著名的国家级风景区，它有很多美丽的传说和名胜古迹。让幼儿了解家乡的凤凰山，激发幼儿从小热爱家乡的美好情感，是组织这次活动的目的。

活动目标

1. 通过参观凤凰山，让幼儿了解春天的季节特征。
2. 培养幼儿初步的环保意识。
3. 参观凤凰山建筑，激发幼儿热爱家乡的情感。

活动准备

交通工具——大巴车；设计好活动地点和方案。

 活动过程

1. 出发前的准备工作：清点幼儿人数，对幼儿进行安全教育。
2. 远足。以半徒步、半驱车方式到达目的地，教师提醒幼儿注意安全，向幼儿介绍如何保护自己。
3. 参观凤凰台。教师向幼儿讲述凤凰山的美丽传说——"箭眼""凤凰洞"的来历。
4. 组织幼儿在凤凰山脚下玩耍，感受春天的气息。（寻找昆虫、观察花草、放风筝、做游戏等）
5. 自由活动。幼儿将自己带的食物与小伙伴们一起分享，提醒幼儿把垃圾扔到指定地点。
6. 活动结束，清点人数，乘车返回。教师与幼儿自由讨论活动的收获与感受。

活动反思

人们对大自然的憧憬是与生俱来的，而这种情感表现在幼儿身上更为明显。幼儿通过参观凤凰山上的一些建筑及在山脚下做游戏，寻青、踏青、参观，进一步感受春天的特征和家乡的美丽，从而萌发热爱家乡的情感。幼儿通过观察，对家乡有了进一步的了解。由于这次远足活动是徒步与驱车结合，所以幼儿的意志力也得到了锻炼。在分享活动中，幼儿能把自己的食物与同伴共同分享，并能将垃圾扔到垃圾桶里，其社会交往能力和初步的环保意识得以培养，幼儿在快乐的活动中获得了有益于身心发展的经验。

04 参观银行

对象：全园中、大班幼儿

日常生活中，人们对钱款的管理离不开银行，幼儿知道如何花钱，却不知道钱放在哪里最安全，也不了解取款和存款的具体程序。所以，我们带幼儿走进银行，了解银行，从小培养幼儿的理财意识。

活动目标

1. 了解银行的性质，进行简单的业务尝试。
2. 初步培养幼儿的理财意识。

活动准备

幼儿园与银行取得联系，确定参观的具体形式、内容、活动过程。

活动过程

1. 组织幼儿到银行大厅进行参观。
2. 银行业务部主任详细地向幼儿介绍大厅各个窗口的功能、银行存折（银行卡）的使用方法、保险箱业务的开展情况等。在工作人员的介绍和提示下，了解银行不同岗位人员的具体工作。
3. 讨论：生活中多余的钱放在哪里最安全？存折丢失了怎么办？……
4. 延伸活动：在活动区开展游戏——小银行。

活动反思

幼儿到银行参观，受到了银行职员的热烈欢迎，业务部主任为幼儿介绍了银行的概况，还细心地讲解了储蓄的种类及存折、银行卡的使用方法，使幼儿对银行工作有了一定程度的了解。

教师带领幼儿参观了银行的保管箱窗口、会计窗口和储蓄窗口。幼儿知道了每个窗口能够办理的业务范围。

这次"参观银行"社会实践活动的开展，增加了幼儿的社会体验，培养了幼儿的自主观察能力，同时，也丰富了幼儿的生活经验。

05 种植活动

对象：全园中、大班幼儿

生活在城市中的幼儿较少接触大自然，对于一些植物（如芸豆、土豆、西红柿等）的生长过程也缺乏了解。设计本次活动旨在让幼儿参与种植，了解植物的种植过程。同时，通过观察自己种植的植物，也可以培养幼儿的观察能力及耐心。

活动目标

1. 知道春季是播种的季节，认识一些植物的种子和果实。
2. 感受劳动的快乐，培养爱劳动的情感。

活动准备

1. 几种植物的种子。
2. 种植所需要的工具、种植箱。

 活动过程

1. 听故事。利用故事激发幼儿兴趣，引出活动内容。
2. 出示几种植物的种子和果实，教幼儿认识。介绍植物生长所需条件：阳光、空气、土壤、水分。
3. 种植。
（1）教师示范操作：松土并用小铲挖一个小坑——播种后再轻轻压一压——浇少许水。
（2）幼儿分组进行，按意愿选择种子类型，教师给予指导，鼓励幼儿不怕脏、不怕累。

 活动延伸

组织幼儿观察、记录几种植物的生长过程，并进行适当的浇水、松土等活动。

活动反思

本次活动是幼儿以前没有参与过的，因此整个活动过程中幼儿的积极性很高，能愉快地参与活动。通过活动，幼儿了解了植物的种植过程，知道了植物生长需要很多条件。活动的延伸部分让幼儿观察自己种的植物，幼儿很感兴趣，每天来园后第一项活动就是观察自然角中自己种的植物，照顾它们，进一步体验劳动的快乐。

06 走进超市

对象：全园大班幼儿

幼儿掌握的社会知识、形成的社会技能要靠实践去检验。幼儿社会实践活动综合了各领域的教育内容，组织幼儿参加社会活动可以使幼儿获得更具体、更丰富的社会感受。现实生活也是幼儿社会性教育的活教材，应该多带幼儿走入社会感受现实生活。为此，我们组织了一次走进超市的社会实践活动。目的在于让幼儿了解超市，并通过购物等活动将学到的数学知识在实际生活中加以运用，同时培养幼儿的交流能力和解决问题的能力。

活动目标

1. 了解超市和超市工作人员的工作性质。
2. 通过购物活动，将学到的知识运用到实际生活中。
3. 培养幼儿与人交往、解决问题的能力，以及遵守社会规范和公共规则的意识。

活动准备

1. 联系好所要去的超市。
2. 事先与家长沟通，可让家长给予幼儿适当的经济支持。（每人可带2元钱）
3. 去超市前在班级召开主题班会，以谈话、讨论为主。围绕以下问题：
（1）凤城市有哪些超市？

（2）超市是什么样的？超市里面有什么？

（3）你想买什么？买东西时应该怎样说？怎样付款？

（4）告诉幼儿我们要去文峰超市参观、购物，并让幼儿讨论在超市里应该注意什么。

活动过程

1. 请超市工作人员介绍超市概况，让幼儿了解超市工作人员（如售货员、理货员、收银员等）分别负责哪些工作，知道他们的分工。

2. 观察超市里的物品及其摆放方式，知道超市里的物品是分类摆放的。引导幼儿仔细观察，提醒幼儿不要乱动超市里的东西。

3. 了解商品价格是怎样标示的，学习看商品的保质期及价签。

4. 幼儿购物。教师提醒幼儿取放物品时要注意安全。

5. 小小分享会。回到幼儿园后，幼儿相互交流购物的感受：结账时与收银员说什么；在钱不够的情况下，自己是怎样解决的等。然后，同伴间分享在超市里购买的食品。

活动反思

社会实践活动"走进超市"的开展收到了较好的效果。幼儿作为小顾客走进超市，他们很兴奋。活动中幼儿通过讲解、参观的形式认识了超市的工作人员，了解了超市工作人员的工作性质和分工，知道了买与卖的关系，知道了物品摆放的规律，学会了辨别产品保质期和看商品的价签等。在亲自购物中知道了如何做一名文明顾客，在买东西的过程中巩固了日常学到的数学知识。该活动加强了幼儿与同伴间的交流，使他们从中学会合作、进取，培养了分享、谦让、助人的精神，体会到合理使用钱的重要性。这次社会实践活动，真正让幼儿在现实生活中获得了情感的体验和经验的积累，使幼儿获得了更具体、更丰富的社会感受，为幼儿在生活和实践中不断进步和成长提供了锻炼的空间。

07 走进农科院

对象：全园幼儿

城里的孩子见到水稻、玉米等农作物的机会很少，田地里的其他农作物更是罕见。我们与当地农科院取得联系，组织幼儿去参观，目的是让幼儿观看生长在田地里的农作物，并通过参观农民伯伯的辛勤劳动，了解粮食的来之不易，以此培养幼儿对劳动者的热爱和对劳动成果的尊重之情。

活动目标

1. 知道秋天是农作物丰收的季节。
2. 认识水稻、大豆等农作物，了解它们的生长环境。
3. 了解农民的劳动并尊重农民。知道粮食来之不易，要懂得珍惜。

活动准备

事先与农科院联系，确定参观的地点、交通工具——大巴。

活动过程

1. 参观前的准备工作。教师清点幼儿人数，提出注意事项等。
2. 组织幼儿参观农作物。教师引导幼儿观察旱稻、大豆的外形特征，向他们介绍作物名称，共同探讨稻子和大豆的食用方法。
3. 观看农民伯伯收割稻子，了解农民伯伯的辛苦。
4. 讨论。教师组织幼儿围绕参观的内容进行讨论，如"你看到了什么""水稻生长在哪里""大豆能加工成哪些豆制品"等。

活动反思

金秋十月，我们带幼儿走进农科院，幼儿置身于天地间那一刻，他们见到了童话故事里金色田野的样子。摸着沉甸甸的稻穗，幼儿理解了丰收的含义；剥开硬硬的稻壳，幼儿知道了米饭的由来；看着弓腰收割的农民伯伯，幼儿感受到粮食的来之不易。看着幼儿脸上露出的好奇、惊喜，我们知道，这次活动开阔了幼儿的视野，丰富了幼儿的生活经验，使幼儿更直观、深刻地获得了课堂上学不到的知识。幼儿在田野奔跑、欢笑、嬉戏，释放着快乐，获得了满足，尽情地享受大自然的美丽，体验丰收的快乐。

08 走近消防员

对象：全园中、大班幼儿

消防员肩负着保护人民生命和财产安全的神圣使命。为了让幼儿更了解消防员，在"消防安全月"即将来临之际，我们组织全园中、大班幼儿到消防队参观，旨在让幼儿了解消防员的生活、训练和学习等，以激发幼儿对消防员的热爱，增强幼儿的责任感，培养幼儿坚强勇敢的性格。

活动目标

1. 了解消防员的工作、生活及训练。认识一些消防器材，了解消防员的救火过程。
2. 培养幼儿喜爱消防员的情感。

活动准备

联系好参观消防队的有关事宜。

活动过程

1. 交代活动内容以及出行要注意的一些安全问题。
2. 参观活动
（1）参观消防员的寝室。
（2）参观消防器材室，请消防员讲解。
（3）观看消防员表演越障、走平衡木、举哑铃、架梯攀墙等。
（4）观看模拟救火表演。
（5）与消防员合影留念。
3. 谈话：请幼儿谈谈此次参观后的感受，说说应向叔叔们学习什么。
4. 照片展。将参观时的照片进行展览，供家长欣赏。

活动反思

幼儿对此次活动非常感兴趣，从幼儿园步行到消防队，没有一名幼儿喊累。幼儿对消防员的工作充满好奇，他们只知道消防员是救火的，对消防员具体的工作职责及他们的生活却了解很少。在活动中，幼儿参观了消防员的内务及消防设备、器材等。在寝室中，看到摆放整齐的洗漱用具、叠得像豆腐块一样的被子，幼儿非常羡慕。在观看救火表演时，消防员在警报响起45秒钟内便整装待发，让幼儿感到震惊。对消防员训练有素的表演，幼儿不时以热烈的掌声来表达内心的敬意。通过此次活动，幼儿增长了见识，得到了锻炼，获得了积极的情感体验。

09 走进邮局

对象：全园大班幼儿

一天，佳航小朋友收到了在北京打工的妈妈的来信，小朋友们都很感兴趣，好奇地围过来问这问那。为了帮助幼儿了解信件的邮寄过程并认识邮局，我们开展了"走进邮局"社会实践主题活动。这次活动的目的是让幼儿通过给父母写信、到邮局参观、寄信等，了解邮局的功能及工作人员的辛苦，丰富幼儿的社会经验。

活动目标

1. 知道邮局在人们生活中的作用，通过实际操作体验寄信的快乐。
2. 了解邮局工作人员的工作特点，知道邮局工作人员的辛苦。

活动准备

教师事先调查好班级内幼儿的家庭住址，准备信封、邮票。

活动过程

1. 教师组织幼儿给父母写信，表达对父母养育之恩的感激之情。
2. 参观前准备：园内集合，教师交代本次活动的目的和注意事项，辅助幼儿在信封上写清邮寄地址，贴好邮票。
3. 参观：幼儿参观邮局大厅的邮递区、邮包裹区、储蓄区、订阅报纸杂志区。
4. 观看投递人员投递信件。
5. 寄信：幼儿将自己写给父母的信寄出。
6. 讨论：教师组织幼儿讨论本次活动的见闻，把活动中拍下的照片放在活动室墙外进行展示。

活动反思

《幼儿园教育指导纲要（试行）》（以下简称《纲要》）中明确指出：幼儿园应与家庭、社区合作，引导幼儿了解自己的亲人及与自己的生活有关的各行各业人们的劳动。大自然、大社会所蕴含的教育价值是多元的，我们应主张让幼儿自己动手、动脑获得最直接的教育经验。

本次参观邮局，幼儿开始时互相商量给自己的父母写信（绘画）、装信封、贴邮票、写地址，然后步行到邮局盖章、投信，每个环节都亲自参与，亲身体验了邮寄信件的过程。幼儿从工作人员的讲述中了解了邮政员工的辛苦，这激发了幼儿热爱劳动的情感。整个活动过程，幼儿各方面能力都得到了锻炼。如：开始互相商量给父母写信，锻炼了幼儿之间的交往及合作能力，激发了幼儿热爱父母的情感；天气寒冷，幼儿却坚持步行，没有一个人掉队，意志力得到了锻炼；在邮局大厅里，幼儿有秩序地参观各个窗口，公共秩序意识得到了培养。最重要的是，通过本次活动，幼儿真正地走进了社会、接触了社会、了解了社会……

10 环保小卫士

对象：全园幼儿

随着社会经济的发展和科技水平的提高，环境保护日渐成为人们关心的热门话题。如何提高幼儿的环保意识，使幼儿理解环境保护的重要性，也成为幼儿园教育活动内容之一。本次活动从幼儿身边最熟悉的环境入手，通过实践活动，培养幼儿的环保意识，提高幼儿的劳动能力，使幼儿体验劳动的乐趣。

活动目标

1. 初步培养幼儿的环保意识，使其理解环境保护的重要性。
2. 通过实践活动，使幼儿体验劳动的乐趣。

活动准备

垃圾袋、"小卫士"标志牌、相关视频资料。

 活动过程

1. 观看视频。组织幼儿观看关于环境污染的视频，引导幼儿讨论如何从身边小事做起，爱护环境，初步培养幼儿的环保意识。
2. 教师为幼儿佩戴"小卫士"标志牌，介绍活动内容，并提出活动要求。
3. 带领幼儿步行到公园，注意安全。
4. 为幼儿准备干净的塑料袋，指导幼儿捡拾公园的垃圾，将废纸、烟头等垃圾装进塑料袋，再扔到指定的垃圾箱内，使公园变得更干净、更整洁。
5. 稍作休息后，带领幼儿游览变得更干净的公园，让幼儿欣赏自己的劳动成果，体验劳动的乐趣。

 活动延伸

引导幼儿回家以后和家人沟通，讨论如何爱护自己居住的小区、环保从身边的小事做起等，动员自己的家人一起保持好小区的卫生，争做环保小卫士。

活动反思

活动前，幼儿对环保的认识只能从某些公益广告或故事中获得，他们并没有亲自参与到爱护环境的活动中去。本次活动为幼儿准备了"小卫士"标志牌，激发了幼儿参与活动的兴趣，使他们积极投入到活动中来。活动选择的场所是幼儿非常熟悉的公园——华凤园。幼儿虽然很累，但每个人的热情都非常高，在游览公园时看到自己的劳动成果，他们都很高兴。在活动过程中，幼儿的行动也感染了来公园游玩的人们，大家纷纷夸我们组织这样的活动非常有意义，能促使人们自觉地去爱护、保护公园的环境，增强了人们的环保意识。

托班、小班活动方案

11 端午风俗纪念册

对象：小一班幼儿　　教师：刘明明

农历五月初五是我们中华民族的传统节日——端午节。过端午节是我国两千多年来的习俗。为了让幼儿更好地了解端午节，感受端午节丰富的文化内涵，激发幼儿对传统节日的兴趣和民族自豪感，丰富生活经验，在端午节来临之际，我们设计了"端午风俗纪念册"亲子制作活动，既能锻炼和发展幼儿的动手能力，又能让幼儿在浓浓的亲子氛围中进一步了解中国传统节日的习俗，用心体验端午这一传统节日所蕴含的意义。

 活动目标

1.知道农历五月初五是端午节，初步了解我国传统节日——端午节的来历及习俗。

2.感受传统节日气氛，激发幼儿对传统节日的兴趣和民族自豪感。

3.锻炼幼儿的动手操作能力，通过亲子制作增进亲子联系与沟通，感受节日的快乐。

活动准备

端午节故事、绘本PPT、背景音乐、制作纪念册所需材料、熟粽子、五彩线。

活动过程

1. 谈话导入,引出端午节的由来。

小朋友们,你们知道农历五月初五是什么节日吗?你们知道端午节的由来吗?我们一起来听听端午节的故事吧。

2. 听故事,引导幼儿观察图片。请幼儿谈谈端午节到来之际周围环境的变化。

(1)挂艾叶、菖蒲:艾叶和菖蒲中都含有芳香油。芳香油可以用来杀虫、防病虫害,它的香气可以起到净化环境、驱虫祛瘟的作用。

(2)赛龙舟:屈原投江后,许多人划船去追赶营救,他们争先恐后,可最终还是没能把屈原救上来。后来人们在每年的农历五月初五用划龙舟来纪念屈原。

(3)吃粽子:屈原死后,人们怕江里的鱼虾把他的尸体吃掉,就将糯米包在粽叶中,投到江里喂鱼。

(4)佩香包:端午节的时候,小朋友们都要戴上香包,香包里放了很多香料,清香四溢。香包有各种各样的形状和颜色,可以挂在脖子上,也可以戴在手腕上。

(5)五彩线:在端午节,人们编织具有五种颜色的线绳系在手腕等处,既好看又寓意着吉祥。

3. 亲子制作端午风俗纪念册,感受传统节日文化。

(1)出示图片,介绍纪念册的内容及制作方法。

(2)亲子共同制作纪念册,教师巡回指导。

(3)制作完成后同伴间互相展示、讲述。

4. 吃粽子、系五彩线,感受节日气氛并送上节日美好的祝福。

5. 教师小结:端午节是我国的一个传统节日,它有着独特的风俗。我们共同感受到了端午节丰富的文化内涵,体验到了端午节浓浓的节日气氛和民间节日的快乐。

6. 集体合影留念。

活动反思

本次主题活动内容丰富有趣,活动效果较好。讲述端午节的来历和习俗、亲子制作端午风俗纪念册、共同品尝粽子及相互系五彩线送上节日祝福等一系列活动,使幼儿在浓浓的亲子氛围中锻炼了动手能力,同时又增进了幼儿对中华优秀传统文化的了解和兴趣,使其感受到了民俗文化的魅力。家长们在活动中也非常配合,活动开展得很成功。

12 新生半日体验活动

对象：托一班幼儿　　教师：徐晓娜

为了使新入园的幼儿能更好地融入幼儿园的集体生活，帮助家长更全面地了解幼儿在幼儿园的一日生活活动、学习活动及幼儿园的教育理念，我们开展了"新生半日体验活动"，借助亲子活动促进家园共育，以便日后能更好地相互合作、支持，为幼儿的成长奠定基础，让幼儿成为德、智、体、美全面发展的快乐儿童。

活动目标

1. 帮助幼儿熟悉幼儿园及班级环境，使幼儿喜欢幼儿园。
2. 消除幼儿对老师的陌生感，增进师幼之间的感情，减少分离焦虑。
3. 让家长有效地了解幼儿在园一日生活的各项活动，为良好的家园共育奠定基础。

活动准备

活动音乐，环境创设，带学号的毛巾、水杯，套环27份，登记册等。

活动过程

1. 8:40—9:00 来园活动

　　热情接待幼儿和家长，给家长做来园登记，安排物品摆放，告知家长和幼儿学号，按学号找鞋柜、衣柜、毛巾、水杯、水杯格等。活动前带领家长和幼儿参观并熟悉班级环境。

桌面安静游戏。安排参观完的家长和幼儿进行桌面安静游戏。游戏中引导幼儿学会分享，懂得合作。游戏结束后学习整理玩具，让幼儿知道从哪里拿的玩具应该送回哪里去。

2. 9：00集中活动

（1）律动《红黄蓝宝宝之歌》（9：00—9：10）

锻炼幼儿大肌肉运动，使幼儿从律动中感受群体活动的乐趣，减少陌生感，喜欢参加集体活动。

（2）点名游戏（9：10—9：20）

老师依次点名，点到名字的幼儿学会答"到"，做到声音洪亮。此游戏目的在于增强幼儿的自信心，使其知道成人喊自己名字时要及时应答。（请家长记住幼儿学号）

（3）综合活动——漂亮的项链（9：20—9：40）

家长和幼儿一起用套环制作漂亮的项链，锻炼幼儿小手的灵活性和手眼协调能力，增强幼儿与家长之间的亲子关系，初步了解幼儿园的学习活动。

（4）音乐活动——烤蛋糕（9:40—10:00）

通过音乐游戏"烤蛋糕"激发幼儿对音乐游戏的兴趣，加强幼儿对音乐节奏的感知能力，使幼儿学会烤蛋糕的动作，能随音乐做游戏，增强幼儿与伙伴间的互动。

歌词：揉面团，打鸡蛋，烤蛋糕，我们一起烤鸡蛋糕。东揉揉，西捏捏，涂上奶油，放进炉子烤烤就香喷喷了。

（5）盥洗活动

洗手、如厕、喝水、吃餐点。

活动延伸

学会分享，懂得谦让。

此次入园体验活动持续一周，教师每天都会组织幼儿开展生活活动、游戏活动、集体教学活动，使幼儿尽快熟悉幼儿园生活。

活动反思

本次半日活动，我们根据幼儿的年龄特点设计了集中教学活动、生活活动、游戏活动等。活动中，充分尊重幼儿，注重活动细节。半日活动是幼儿的一个全面体验活动，虽然只有半日，但我们却能看到幼儿从中获得很大进步。在桌面游戏中，幼儿能做到与同伴友好地游戏；在整理玩具的过程中能协助老师一起把玩具"送回家"；在如厕时能做到便后洗手，洗手时知道先卷袖子再洗手；在吃点心时能做到安静就餐。每一个活动环节，幼儿都能在老师的提醒和帮助下完成得相当出色，家长也了解了孩子在园的一日生活细节，对老师更放心。在以后的活动中，我们还会不断地调整方案，让活动更加完美！

13 制作水果沙拉

对象：小班幼儿　　教师：原晓旭

水果是幼儿每天都会接触到的，若孩子在家中想吃水果，大部分是由家长削皮、切块、榨汁，或者从外面买来各式各样包装精美、味道香甜的果盘，幼儿很少能看到水果的原始面目。另外，幼儿对水果也有着自己的喜好，有人爱吃苹果，不爱吃梨；有人爱吃梨，不爱吃香蕉……幼儿正处于成长期，多吃各类水果，才能营养均衡、健康成长。设计"制作水果沙拉"活动，可以让幼儿了解水果的形状、颜色、大小、软硬等，丰富幼儿的生活常识，锻炼幼儿的动手能力及自我服务能力。

 活动目标

1. 用各种感官来感知不同水果的味道、颜色、大小、软硬等特征。
2. 知道吃水果要讲究卫生，不乱丢果皮。
3. 体验自己做沙拉及分享给朋友的快乐。

 活动准备

1. 一次性桌布、小碗、勺子、叉子、牙签、西餐刀若干（数量与幼儿人数相等）。
2. 沙拉酱、果酱、各种水果。
3. 图片：果汁、果酱、水果沙拉、水果羹。

活动过程

1. 认识水果，了解、知道水果的多种吃法。教师出示已做好的水果沙拉，请幼儿观察并说一说。提问：这是什么？里面有什么？你们有没有吃过水果沙拉？谁给你做的？你所吃的水果沙拉里有哪些水果？都是什么颜色的？教师总结：原来水果还可以做成沙拉来吃，并出示图片告诉幼儿水果其实还有好多种吃法（水果羹、果汁、果酱等），让幼儿了解、知道水果的多种吃法。

2. 了解水果沙拉。了解做水果沙拉所需的主要材料、所用的工具及作用、制作水果沙拉的步骤。（教师带领幼儿用肢体动作来表现）

3. 幼儿操作。观察教师准备好的水果，说说有什么水果，它们是什么颜色、什么形状等，感受其色彩、形状美。教师重点指导幼儿操作时的"切"与"拌"的动作，并鼓励幼儿根据自己的能力尝试用不同的材料来制作，让每名幼儿都能得到不同程度的提高。

4. 欣赏与分享品尝。教师引导幼儿相互欣赏自己做的水果沙拉，感受其色彩及形式上的美，并和其他小朋友、老师一起分享品尝自己的成果，体验快乐。

5. 整理。教师：小朋友们都吃完了，今天开心吗？盘子为小朋友们盛好吃的沙拉，它们也很开心。不过，它们现在要回家了，怎么办？（送回家）可是盘子有点儿脏怎么办？（刷一刷）小朋友们真爱干净，盘子可喜欢小朋友们了，盘子说"谢谢小朋友们"。

活动反思

此次活动得到了家长的大力支持，他们带来了许多水果，为我们开展"制作水果沙拉"活动提供了丰富的材料。通过"制作水果沙拉"活动，幼儿认识了各种各样的水果，知道了水果营养丰富，应该多吃水果。活动中幼儿主动和老师一起做水果沙拉，别看他们年纪小，切、剥、掰、拌样样都会，有的幼儿还帮忙摆造型、装盘。他们制作出来的水果沙拉令人赞不绝口，让我们不禁对孩子们的想象力和动手能力刮目相看！最开心的时刻是在最后的分享会，苹果、梨、香蕉、橘子，还有木瓜、石榴、樱桃……各种各样的水果真好吃，品尝自己的劳动果实，孩子们格外开心。此次活动既满足了幼儿的好奇心，又锻炼了他们的动手能力，让幼儿体验到和同伴一起分享的快乐，收获满满。

中班活动方案

14 各种职业的人

对象：中一班幼儿　　教师：安莹

实践活动可以拓展幼儿的视野，使幼儿学到许多书本中学不到的技能。结合教育主题，幼儿可以了解不同职业的特点。通过家长进课堂活动，幼儿可以知道父母所从事的职业，了解父母是如何工作的，从小树立"职业"的概念。通过亲自感受、体验，让幼儿认识社会、品尝艰辛、理解工作、懂得分享、学会合作，从而培养他们战胜困难的勇气和决心，提高他们各方面的素质。

活动目标

1. 了解生活中的各种职业，感知各种职业与人们生活的关系，懂得尊重各种不同职业的人。
2. 知道各种职业的特点及工作形式。
3. 体验参与活动的快乐。

活动准备

从事不同职业的家长、PPT、与职业相关的用具（手枪模型、听诊器、消防车、灭火器、理发用具等）。

活动过程

1. 讨论职业

与幼儿一起讨论爸爸妈妈的职业是什么。

教师：你们还知道哪些职业类型？

今天，老师请来了几位不同职业的客人——你们的爸爸妈妈，我们一起来了解他们是怎么工作的。

2. 职业体验之一——医生（幼儿妈妈）

（1）出示PPT，让幼儿通过课件了解医院的结构。

（2）出示医生用具（听诊器、体温计、压舌片、药物等），让幼儿触摸、观察。

（3）游戏：让幼儿了解正确的洗手方法，懂得生活中要讲究卫生。

（4）体验活动：让幼儿穿上医生、护士的衣服，带着医疗器材给"病人"看病。

3. 职业体验之二——理发师（幼儿爸爸）

（1）出示剪刀、梳子，让幼儿猜猜它们是从事哪种职业时使用的工具。

（2）播放PPT，让幼儿了解不同的美发工具。

（3）出示理发工具，让幼儿触摸、比较、观察。

（4）实践活动：给部分幼儿现场理发。

4. 职业体验之三——农科院研究员（幼儿爸爸）

（1）出示玉米，提问幼儿：你们知道这是什么吗？它是怎样生长的？

（2）通过PPT讲解，让幼儿了解玉米的种类及生长情况。

（3）播放视频，让幼儿了解现代化的播种、收割方式。

（4）实践体验：现场做爆米花，让幼儿观察玉米粒变成爆米花的神奇过程，并亲自体验制作和品尝。

5. 职业体验之四——面点师

（1）提问：你们知道这些面点是怎么做出来的吗？

（2）向幼儿介绍不同的面点及面点工具。

（3）实践活动：做蛋糕（推推乐）。

（4）品尝。

6. 职业体验之五——特警（幼儿爸爸）

（1）出示制服，让幼儿猜猜这是什么职业的人所穿的衣服。

（2）出示用具：手枪模型、手铐、电棍等。

（3）让幼儿通过视频了解特警的工作方式。

（4）体验活动：幼儿进行擒拿表演。

7. 职业体验之六——消防员（幼儿爸爸）

（1）提问：发生火灾时应拨打什么求救电话？

（2）讲解消防知识。

（3）出示灭火器、防火衣等救援工具，让幼儿触摸体验。

（4）请幼儿操作灭火器，加强幼儿对救援工具的认知。

（5）参观消防车内的救援工具。

（6）游戏：我来救援。

8. 职业体验之七——走进银行（幼儿妈妈）

（1）带领幼儿走进银行。

（2）介绍银行的外部和内部构造。

（3）介绍柜台存款机、自动取款机和银行卡的作用。

（4）发放纸币、银行卡，让幼儿亲自体验。

（5）教育幼儿从小要养成节俭的好习惯。

9. 教师小结

我们生活中有很多种不同的职业，每种职业都是必不可少的，有的职业工作很辛苦，如环卫工人等，我们应该尊重他们的劳动，爱护环境，不乱扔垃圾。你们的爸爸妈妈每天工作也很辛苦，老师希望你们能够体谅爸爸妈妈，也希望你们能够拥有自己的职业梦想！

活动反思

本次活动邀请了几位生活中常见职业的家长向幼儿进行讲解，通过他们的活动展示，幼儿了解了不同职业的特点和工作方式，懂得了尊重不同职业的人，幼儿收获很大。实践活动结束后，我们又让幼儿在园内的职业体验活动室内进行职业体验，收到了非常好的效果。在今后的活动中，我们还会邀请更多不同职业的家长走进课堂讲解他们的职业，让幼儿去感受、体验，拓展幼儿视野，提高幼儿综合能力。

15 快乐端午粽飘香

对象：中二班幼儿　　教师：傅莉

一年一度的端午节又要到了，在这个传统节日里，孩子们的好奇心和求知欲也随之而来，例如：端午节是怎么来的？我们为什么要过端午节？端午节有哪些风俗习惯？针对孩子们强烈的好奇心，我们设计了"快乐端午粽飘香"活动，让孩子了解端午节的传说及习俗。通过制作粽子挂饰，培养孩子的动手能力，使其进一步对中华民族的传统文化产生兴趣。

 活动目标

1. 知道农历五月初五是端午节，了解端午节的习俗。
2. 乐于动手制作粽子挂饰，体验节日的快乐。
3. 增进亲子之间的情感。

 活动准备

1. 与端午节相关的故事、PPT。
2. 做粽子挂饰的材料：彩纸、布、针、线等。

活动过程

1. 教师出示划龙舟的图片，引出活动主题。

教师：小朋友，你们知道图片上的人在干什么吗？什么节日人们会举行划龙舟比赛呢？（引导幼儿知道是端午节）

2. 引导幼儿了解端午节的来历与习俗。

教师：你们知道端午节的由来吗？（请幼儿根据已有经验说一说）

教师讲述屈原的故事，让幼儿了解端午节的由来。

教师：端午节为什么要划龙舟呢？（教师讲述划龙舟的来历）

教师：你们知道端午节除了吃粽子、划龙舟之外，还有什么风俗习惯吗？（教师展示艾草图片，让幼儿初步了解艾草的作用）

带领幼儿学习简单的端午节儿歌。（儿歌：五月五，端午到，吃粽子，插艾草，划龙舟呀真热闹）

3. 亲子动手制作挂饰。

教师：马上就是端午节了，我们一起来做一个粽子挂饰挂在家里吧。

（1）教师出示粽子挂饰，让幼儿观察，激发其制作兴趣。

提问：小朋友看看，这个粽子挂饰漂亮吗？你想不想也有一个这样的挂饰？

（2）教师示范制作方法，通过折一折、剪一剪、粘一粘等方法进行制作。

（3）幼儿和家长一起制作粽子挂饰，教师巡回指导，鼓励幼儿多动手操作。

（4）作品展示，互相欣赏。

活动反思

活动中，教师首先运用图片和课件向幼儿介绍了关于端午节的知识，通过教师的讲解，幼儿知道了屈原的故事，了解了全国各地的人们在端午节吃粽子、挂艾草、系五彩线的风俗。在制作粽子挂饰时，家长将纸盒折成粽子的形状，幼儿选择自己喜欢的彩纸进行装饰，充分运用自己的想象力和创造力，把粽子装饰得很漂亮。粽子挂饰做好后，幼儿脸上洋溢着自豪的笑容，体验到了成功的喜悦。通过本次端午节主题活动，幼儿不但了解了有关端午节的风俗习惯，同时也感受到了传统节日带来的乐趣，在尊重我国传统文化的基础上增强了民族自豪感。

16 美味的汉堡

对象：中二班幼儿　　教师：何丽颖

生活中幼儿所接触的汉堡大部分是家长在外面买的，幼儿很少能看到汉堡的制作过程。设计本次活动可以让幼儿了解汉堡的制作方法，丰富幼儿的生活常识。活动前期让家长带幼儿购买制作食材，让幼儿亲自用眼、用手、用身心去获得直接的感受，了解各种食材。本着"学习并快乐着"的原则，在活动中让幼儿亲自动手制作、学会分享、感受快乐。

活动目标

1. 尝试制作汉堡，体验自己动手制作的乐趣。
2. 能和同伴相互合作，学会分享。

活动准备

1. 圆形的面包、火腿片、黄瓜片、胡萝卜片、生菜、西红柿等若干。
2. 盘子、牙签、消毒的湿毛巾若干。
3. 自制的汉堡一个。

 活动过程

1. 组织幼儿谈话。请幼儿说一说自己吃过什么样的汉堡。
2. 教师展示自制汉堡，激发幼儿的制作兴趣。

引导幼儿观察教师制作的汉堡是什么形状的，是用什么做的。

教师小结：老师制作的汉堡是圆形的，是用圆形的面包、火腿片、黄瓜片、胡萝卜片做成的。

3. 教师演示制作步骤。
4. 鼓励幼儿尝试制作汉堡。

（1）幼儿先用消过毒的湿毛巾擦手，排队取盘子并选择制作材料（教师提醒幼儿要选两片面包），到指定的地点动手制作汉堡。

（2）幼儿动手制作汉堡，教师巡回指导。

5. 请幼儿品尝汉堡，体验自己的劳动成果。将制作好的一部分汉堡送给其他班级幼儿分享，感受分享的快乐。

活动反思

　　实践是幼儿探索学习最好的方式。"美味的汉堡"是以幼儿兴趣为出发点生成的社会实践活动。活动分为购买原料、感知、制作、分享四个部分。本次活动提前取得了家长的支持，家长陪伴幼儿购买原料，给予幼儿必要的支持，并给予幼儿足够的空间，由幼儿自己挑选、运送、结账。活动过程中幼儿全身心投入，亲自选用自己喜欢的材料制作汉堡。通过活动，幼儿的创造力和动手能力得到了提高。幼儿亲手制作出一个个美味的汉堡，互相品尝，感受到成功的喜悦和分享的快乐。

17 新年——制作愿望树

对象：中一班幼儿　　教师：李菁昱

新年到了，无论是幼儿园的大环境还是每个班级的小环境，无不洋溢着新年的喜庆。在新年气氛的包围下，关于新年的主题活动也应运而生，如收集与新年相关的物品、说说新年的习俗、做做新年的礼物等。制作一棵愿望树，既可以锻炼幼儿的动手能力，又能把自己的美好祝福送给喜欢的人，使幼儿对新年活动产生更大的兴趣。

活动目标

1. 用剪刀剪纸条，装饰愿望树。
2. 感受新年送给自己最想感谢的人礼物时的喜悦。
3. 对爸爸妈妈说说自己的新年愿望及祝福。

活动准备

1. 幻灯片、VCR、背景音乐。
2. 剪刀、胶棒、彩纸、硬纸板等。

 活动过程

1. 引起兴趣。

教师：元旦是新年的第一天，大家都会在新年做什么？

教师：在新的一年里，你有什么愿望？有什么想做的事情？

2. 制作礼物。

（1）教师：在新的一年，你有想感谢的人吗？是谁？为什么？

引导幼儿说出自己最想感谢的人，培养幼儿学会感恩。

（2）教师：快过新年了，小朋友想不想做一棵美丽的愿望树送给你最想感谢的人？

幼儿分组动手制作。

（3）装饰愿望树。

幼儿通过剪、画、贴来制作愿望树，家长观察孩子用剪刀的熟练程度，以及孩子自己动手装饰美丽的愿望树时对美的认知。

鼓励幼儿跟自己的爸爸妈妈讲述制作愿望树时的故事、心愿。如：我的愿望是祝我的妈妈永远年轻漂亮等。

3. 制作完成后，幼儿把愿望树亲手送给自己想要感谢的人。活动结束。

活动反思

本次活动以幼儿自己动手制作愿望树为主，活动中幼儿自由发挥想象，制作出形式多样的愿望树，并通过"许愿"等形式向家长、老师及同伴献上祝福，家长和老师们的鼓励让幼儿充分体验到了成功的喜悦。

通过对本次活动的展示，家长对孩子有了一个全新的认识，进一步了解了幼儿园的教育教学及对孩子动手能力等方面的培养。家长对本次活动积极配合和支持，幼儿体验到了自己动手制作的快乐。幼儿通过活动萌发了对爸爸妈妈及身边其他亲人的感恩之情。

18 感恩母亲节

对象：中二班幼儿　　教师：刘济宏

世界上有一种感情，它是与生俱来的，没有条件，绵延不绝，这就是母爱！母亲，是世界上最伟大的人。五月，阳光灿烂，暖风拂面，在这个亲情融融的季节里，我们又一次迎来了母亲节。为了让幼儿学会感恩，感谢妈妈对我们的养育之恩，培养幼儿用行动去表达对妈妈的爱，进一步激发幼儿对母亲浓浓的爱意，增进与家人的感情，从小学会关爱妈妈，学会感恩，班级开展了"感恩母亲节"系列活动。

活动目标

1. 知道五月第二个星期日是母亲节，了解妈妈的辛苦，能用实际行动为妈妈做一些力所能及的事情。
2. 锻炼动手能力，体验亲子活动的乐趣。
3. 懂得对父母要知恩、感恩。

活动准备

绘本《妈妈的生日》，歌表演《我的好妈妈》，亲子舞蹈《爱我你就抱抱我》，幼儿制作项链材料若干（每人一份）。

活动过程

1. 介绍母亲节

教师：小朋友，你们知道五月的第二个星期天是什么节日吗？

幼儿：母亲节！

教师：你们知道"母亲"是什么意思吗？

幼儿：母亲就是妈妈的意思。

教师：母亲节是谁的节日呢？

幼儿：是妈妈的节日。

教师：对，你们太棒了，这一天是妈妈的节日，所有的孩子都会为自己的妈妈庆祝节日。（教学设想：以谈话形式开门见山地引出课题，易调动幼儿参与活动的积极性。引题话语简短，目的性强，为幼儿进入后面的活动做了铺垫）

2. 听故事，孩子表达对妈妈的爱

（1）祝福妈妈，为妈妈表演节目

教师：今天，老师给你们带来一个故事，名字叫作《妈妈的生日》。妮妮很爱她的妈妈，妈妈过生日的时候，妮妮送给妈妈一个大大的拥抱和吻，并对妈妈说"妈妈，我爱您"，那你们爱你们的妈妈吗？幼儿：爱。教师：你们都是怎样爱妈妈的，都帮助妈妈做了什么事情呢？幼儿：帮妈妈擦桌子、扫地、刷碗、收拾卫生……教师：你们太棒了，都这么能干，也那么爱你们的妈妈，我们把爱表演给妈妈看好不好？（表演歌曲《我的好妈妈》）

（2）妈妈们向自己的妈妈表达爱

教师：你们跳得真棒。小朋友们，你们把爱送给了你们的妈妈，那妈妈有没有她的妈妈呢？

幼儿：有。

教师：那今天所有的宝宝妈妈们也给她们的妈妈，也就是你们的奶奶、姥姥们带来了礼物，让我们给妈妈鼓鼓掌吧！

教师：宝宝妈妈们也送完了她们的礼物，表达了她们对妈妈的浓浓爱意，现在有请所有的妈妈带着你的宝宝到前面来，一起做"爱我你就抱抱我"吧。

（3）为妈妈制作项链

教师：接下来，请小朋友们往桌子上看，老师为你们准备了许多漂亮的珠子、透明的绳子、精致的按扣，让我们一起来为妈妈制作一条爱的项链吧。

幼儿选择自己喜欢的颜色、样式，自由发挥，为妈妈穿项链。

教师：把穿好的项链给妈妈戴上，并送给妈妈一个大大的拥抱和吻，对妈妈说"妈妈，我爱您"。

活动反思

幼儿和妈妈、姥姥（奶奶）欢聚在一起，开展"妈妈，我爱您"亲子活动，共同庆祝母亲节。在活动中，结合幼儿的年龄特点，创设宽松的氛围，自然地将幼儿带入了情境中。在教学活动过程中，采用绘本的形式，既能帮助幼儿更好地理解本次活动的意义，又能吸引幼儿的注意力，进一步激发幼儿的兴趣。在整个活动过程中，教师注重和幼儿的交流，通过生动的语言引导幼儿。

活动中，通过各种生动的方式渗透感恩教育，让幼儿感受母爱的伟大。幼儿为妈妈们献上歌表演、制作祝福卡片，还把亲手为妈妈穿的项链送给妈妈，用稚嫩而真诚的方式祝福妈妈节日快乐，表达对妈妈的感恩之情。妈妈们也为自己的妈妈献上礼物和拥抱，表达感恩之情，用实际行动为孩子做出孝敬长辈的榜样，流露出浓浓的家庭亲情，活动室充满浓浓的温情与爱意。

总结此次活动成功的最主要因素，是因为绘本故事的带入，让幼儿们能够更清楚地理解爱。此次亲子活动，让孩子们进一步了解了妈妈，体会到母亲的伟大，培养了幼儿的感恩之心，使感恩的传统美德代代传承。

19 我爱爸爸

对象：中一班幼儿　　教师：吕启华

父亲的角色在幼儿成长的道路上有着不可或缺的作用。在现代家庭中，爸爸在幼儿心目中的形象是繁忙的，幼儿与爸爸接触交流的机会相对较少，为此，在父亲节即将来临之际，我们设计了"我爱爸爸"快乐父亲节活动，让幼儿对爸爸有一个全面的了解，并能大胆地表达对爸爸的爱。亲子活动"我为爸爸做遮阳帽"，为幼儿提供和爸爸沟通交流的机会，增进父子（女）间的感情。

 活动目标

1. 知道六月的第三个星期日是父亲节。
2. 通过绘本故事了解爸爸工作的辛苦，乐意大胆表达对爸爸的爱。
3. 懂得感恩，学会制作遮阳帽送给爸爸，增进父子（女）间的情感。

 活动准备

绘本故事课件、记号笔、丙烯颜料、草帽、报纸、面巾纸等。

活动过程

1. 教师提问，引出谈话话题

今天，我们请爸爸来参加我们的活动，小朋友们高兴吗？我们为什么要请爸爸来参加活动呢？（引出父亲节）小朋友，你们爱自己的爸爸吗？我们都有爸爸，每个人的爸爸都不一样，今天请小朋友来说说自己的爸爸是什么样的？他们做什么工作？爸爸愿意为你做哪些事情？

2. 引导幼儿自由交谈，并引出故事

你们愿意让爸爸陪你玩吗？爸爸都带你做过哪些有趣的事？有一只小熊也想让爸爸带它玩，可是……小朋友想不想知道小熊在生活中遇到了哪些事情？

3. 播放课件倾听故事，观看爸爸工作时的照片

播放课件，教师有感情地讲述故事。

提出问题：小朋友们猜一猜，下个周末小熊的爸爸会带它去游乐场吗？爸爸们工作很辛苦，让我们一起来看看爸爸们工作时的样子。爸爸工作忙的时候没有时间带你玩，小朋友们要理解爸爸。

4. 制作遮阳帽

爸爸的工作很辛苦，爸爸为我们做了这么多，夏天到了，我们一起和妈妈制作一顶漂亮的遮阳帽送给爸爸做父亲节的礼物吧！

（1）介绍材料：草帽、各种颜料、记号笔。

（2）幼儿自由发挥想象，绘制喜欢的图案。

（3）将制作好的草帽送给爸爸，然后给爸爸戴上，并给爸爸一个大大的拥抱，说一句祝福的话。

（4）爸爸戴着孩子们送的草帽走秀。

活动反思

本次活动我发现了一个所有孩子都有经验的话题——和爸爸出去玩，孩子的回忆和感受是情感体验的突破口，它不正折射出爸爸的爱吗？孩子们纷纷说"和爸爸在一起很开心，爸爸上班很累，但在休息时还是会带我出去玩，爸爸很爱我"……在此基础上我设计了亲子活动"为爸爸制作遮阳帽"，表达了孩子对爸爸的爱。爸爸们在收到孩子爱的祝福、戴上孩子送的遮阳帽时，都非常感动。活动也让爸爸们感受到了孩子的成长和自己肩负的责任，进一步增进了亲子感情。

20 紧急"火情"下的"小散兵"

对象：中一班幼儿　　教师：谭雅文

《纲要》明确指出："幼儿园必须把保护幼儿的生命和促进幼儿的健康放在工作的首位。"我们应该充分领会《纲要》精神，真正认识到安全教育的重要性，在平时教育教学中开展丰富多彩的适合本园实际的安全教育活动，促进每个幼儿富有个性的发展，将一些简单的安全防护知识教给幼儿，增强幼儿的安全防护意识，学习保护自己的技能和方法，以便处理生活中可能出现的一些紧急情况。

活动目标

1. 知道消防电话119，通过演习，训练教师和幼儿在紧急状况下有序地通过安全疏散通道。
2. 结合日常生活，学习一些消防常识。
3. 有初步的自我保护意识。

活动准备

1. 消防图片若干（或幻灯片）。
2. 消防车玩具、电话机。
3. 初步认识各类标记图案。

活动过程

1. 谈话引导
（1）出示玩具消防车。
（2）讨论：这是一辆什么车？它的用途是什么？
2. 讨论交流
（1）火灾是怎么发生的？

（2）如果遇到火灾，你应该怎么办？

幼儿讨论：幼儿先小组讨论，然后个别回答，引导幼儿认真倾听他人说话。

（3）教师总结。

教师：小朋友说得都很好，但有的方法是不可行的，可能会发生危险。所以今天老师就来告诉你们应该怎么办吧，接下来请小朋友们认真听。

3. 教师讲解并做出示范

教师出示图片或幻灯片，帮助幼儿提升经验，知道遇到火灾时应该设法逃离现场，知道消防电话119，报警时要告诉消防员叔叔火场的具体位置，说不清楚时要立即寻求周围大人的帮助。

拨打电话后，我们要做好自救工作，找到一块毛巾并且浸湿，捂住自己的嘴巴和鼻子，按照安全指示灯指示的方向，弯腰撤离火灾发生地。

4. 火场逃生演习活动

（1）用湿毛巾捂住口鼻。

（2）低头或匍匐靠墙边前进，避开烟雾，迅速离开火场。

5. 游戏延伸

经验提升：游戏抢答"家里着火怎么办"，答得又快又对的幼儿会获得小奖品。

活动反思

本次活动比较成功，也较顺利地达到了预期的目标。在整个活动中，幼儿通过听、看、想、说、议、学、练等多种方式参与活动，积极性很高，潜移默化中就知道了怎样报警，并了解了在火灾发生时一些简单的自救方法。根据中班幼儿好奇心强的特点，我运用皮亚杰的认知发展理论，在第一个环节中采用直观教学法，让幼儿知道消防车的作用是什么，讨论火灾发生的原因及其危害，知道不能随便玩火，以免发生火灾。接下来是让幼儿学习如何逃生的环节，我鼓励幼儿大胆想办法，表达自己的想法，以"着火了怎么办"为主线，引导幼儿带着问题去思考。开始时，幼儿获得的经验是零碎的，通过老师分析、小组体验后，个别经验就演变成了集体的、有价值的完整经验。在最后的环节，我采用了游戏体验法，在设置模拟火灾现场的氛围中帮助幼儿学习如何简单自救，进行消防演习。幼儿全身心地投入到活动氛围中，以游戏的方式进一步巩固和强化知识，从而增强幼儿的防火意识，获得自我保护的方法和技能。

21 丰收的果实——水果、干果造型

对象：中二班幼儿　　教师：王丽华

秋天，是丰收的季节，五谷丰登，瓜果飘香。利用这个丰收的大好时机，我设计了"丰收的果实——水果、干果造型"亲子实践活动。水果和干果是我们生活中常见的果类，既营养丰富，又贴近幼儿的生活，孩子们都非常熟悉。水果和干果不同的形状和丰富的色彩能在激发幼儿灵感的基础上，萌发他们更广阔的想象空间，更进一步激发幼儿吃水果的欲望，养成了爱吃水果的习惯。设计此次活动可以培养幼儿动手操作能力、审美能力及创造力，并进一步让幼儿体验与同伴分享、交流、合作的乐趣。

活动目标

1. 认识常见的水果和干果，了解它们的不同，并且能对干果和水果进行分类，知道干果和水果的营养价值。
2. 能大胆地想象，将水果和干果变成各种造型。
3. 体验用干果和水果进行亲子手工制作的乐趣。

活动准备

1. 各种不同的水果和干果的图片或课件。
2. 水果、干果造型图片的课件。
3. 各种各样的干果和水果实物。（干果：开心果、榛子、腰果等。水果：葡萄、苹果、哈密瓜等）

活动过程

1. 幼儿穿着水果服装进入活动室，拍手说儿歌《水果娃娃进农家》。
2. 舞蹈表演：《水果娃娃》。

3. 幼儿认识秋天的果实。"美猴王"出场，请小朋友闯关。

闯关一：品尝水果、干果，说出它们的不同。

闯关二：说出水果、干果的内部构造（一般分为果皮、果肉和果核）。

闯关三：干果和水果分类。

4. 亲子手工：用水果和干果制作造型。

（1）多媒体演示水果和干果造型作品，请家长和幼儿了解水果和干果造型的制作方法。

（2）亲子合作，大胆想象，自由创作。

幼儿一个个陶醉在自我创作的氛围中，再美味的水果也抵挡不了他们创作的欲望。孩子们和家长精心构思、细心挑选、认真制作，一件件生动形象、造型独特、充满童趣的"水果干果造型"作品在幼儿的手中诞生了！一颗颗简单的果实变成了小刺猬背果子、蝴蝶飞舞、猫头鹰歌唱、金鱼嬉戏……一个个栩栩如生、充满童趣的作品演绎了秋天的童话，印证了孩子们快乐的童年，也体现出每个家庭的创作智慧。

5. 同"美猴王"一起分享制作的礼物，共享创作成果。

活动反思

结合"丰收的果实"主题活动，我们今天开展了"水果、干果造型"的亲子实践活动，旨在让幼儿利用秋天里的水果和干果展开丰富的想象，进行艺术创作活动。事实证明，这是一次很有意义的活动。曾担心孩子们会迫不及待地享受美食而失去创作的兴趣，结果却是孩子们一个个陶醉在自我创作的氛围中，久久不愿离开。

总结此次活动成功的最主要因素，我觉得是对创作材料的合理运用：首先，水果和干果是幼儿生活中最熟悉的食物，幼儿有足够的认知度与亲切感，这也就符合《纲要》中所提到的"我们的教学内容应来源于幼儿的生活"。其次水果和干果的颜色艳丽，有红色、黄色、紫色、绿色、橘色、咖啡色等，各种颜色搭配在一起使作品更加形象生动。小道具、牙签、小叉子的巧妙衔接，使幼儿的创作由平面走向立体，为作品锦上添花。实践活动不仅调动了幼儿的学习兴趣，同时也增进了老师、幼儿、家长间的进一步交流，进一步促进了家园沟通。幼儿就这样通过开启自己想象的翅膀，在老师、家长的配合和帮助下，运用自己的小手，在智慧的碰撞中，度过了这个富有诗意的美好秋天，意义深远。

22 爸爸我爱你

对象：中三班幼儿　　教师：王琪雯

如果说母爱如泉水般清纯，那么父爱就如泰山般高大。为了给孩子提供更多和爸爸沟通、交流的机会，增进孩子与爸爸之间的感情，结合即将到来的父亲节，我们设计了"爸爸我爱你"活动，让孩子了解爸爸的辛苦，并将自己亲手绘制的鞋子送给爸爸，向爸爸表达爱和祝福，培养孩子从小学会感恩。

活动目标

1. 体验父子亲情，爱自己的爸爸，并大胆表达对爸爸的爱。
2. 发展幼儿的动手能力、想象力及创造力。

活动准备

1. 家长在网上搜索一些手绘鞋的图片，每个家庭准备一双白布鞋。
2. 丙烯、颜料盘、画笔、抹布等。
3. 绘本故事《我爸爸》课件。

 活动过程

1. 谈话导入，引出主题。

宝宝们，你们喜欢自己的爸爸吗？为什么喜欢爸爸呢？

教师小结：是啊，每个宝宝都有自己的爸爸，今天老师要向你们介绍一位外国爸爸，我们一起来看看吧！

2. 播放绘本课件《我爸爸》。

通过阅读绘本，了解爸爸的爱好、本领，感知爸爸勇敢的性格特征。

请幼儿自由讨论，并请幼儿上台讲述自己的爸爸，感受"爸爸爱我，我也爱爸爸"的情感。

3. 为爸爸表演节目：幼儿集体合唱《爸爸好》。
4. 家长代表谈谈做爸爸的感受。
5. 播放妈妈对爸爸的祝福视频。
6. 亲子手绘"爸爸的鞋"。

（1）介绍材料——白布鞋、丙烯颜料、画笔等。

（2）幼儿自由发挥想象，为爸爸彩绘鞋子。

孩子们和爸爸一起，用手中的画笔为爸爸彩绘鞋子。孩子们用稚嫩的小手绘画自己心中的色彩，一张张充满童趣的画面承载着孩子们对爸爸满满的爱，整个活动室洋溢着浓浓的亲情，现场每位爸爸的脸上都写满了幸福。

（3）送礼物，送祝福。孩子们把彩绘好的鞋子送给爸爸，并向爸爸说句祝福的话。

活动反思

结合父亲节开展此次活动，让幼儿进一步了解爸爸的本领，了解爸爸在自己成长过程中付出的辛苦，增进孩子与爸爸之间的感情，也给幼儿上了人生中一堂精彩的感恩课。本次活动让幼儿了解到母爱如大海般浩瀚，父爱如天空般广阔，幼儿更加珍惜父母对自己的爱，并通过手绘鞋子、送鞋子、送爸爸祝福等行动表达对父亲的尊敬和感恩之心，也让爸爸们体会到了身为父亲的幸福和责任！

23 中秋亲子DIY 制作灯笼

对象：中三班幼儿　　教师：王珊

"中秋一到，灯笼走俏"，各式各样的灯笼在中秋节这个美好的节日里尽展它们的风采。为了让幼儿充分感受我国传统节日的气氛，传承中国传统文化，提高幼儿动手操作能力和艺术创造能力，我们特举办"悠悠中秋风，融融亲子情"手工灯笼制作比赛，让家长和孩子一起动手，制作一个属于自己的灯笼。这是一件非常有意义的事情，相信它会成为孩子成长中难忘的回忆！

 活动目标

1. 幼儿用剪、粘贴等方法制作灯笼。
2. 正确使用剪刀和双面胶。
3. 培养幼儿耐心做事的习惯，并体验做手工的乐趣。

 活动准备

1. 幼儿每人一份手工DIY材料袋。
2. 幼儿人手一把剪刀、一个双面胶。
3. 范例灯笼一盏。

活动过程

1. 导入活动，引起幼儿的兴趣。

（1）谈话引入：小朋友们，你们还记得过中秋节的时候，在我们的家门口会挂什么吗？（引导幼儿说出灯笼）

（2）引导幼儿观察、欣赏老师准备的灯笼。

教师：今天我们就来学做灯笼，中秋节快到了，小朋友可以把自己做的灯笼挂在自己的家门口，为节日增添热闹喜庆的气氛。

2. 引导幼儿观察并学习灯笼的制作方法和过程。

（1）今天老师就来教小朋友们做这个好看的灯笼吧。（请幼儿观察实物）

（2）你们觉得最难做的地方是什么？

（3）教师示范讲解灯笼的制作方法：先装饰灯笼的外面，然后搭建灯笼的手柄。

3. 分发材料，交代要求，幼儿操作，教师指导。

（1）提出要求：幼儿先看看制作图示，再动手制作；桌子和地面都要清理干净；碰到问题可以问老师，也可以问小朋友。

（2）幼儿操作，教师对能力较弱的幼儿进行指导，也可请能力较强的幼儿帮忙（语言及动作），提醒幼儿保持桌面、地面干净。按步骤折出灯笼。制作时一定要认真、仔细，比一比谁制作的灯笼最漂亮。

4. 讲评，展示作品。

（1）请幼儿把自己制作的灯笼放在桌子上，全班幼儿一起欣赏，看看谁的灯笼最漂亮。

（2）整理用具，结束活动。

活动反思

"生活即教育"，《纲要》中指出："活动要来源于幼儿的生活，结合生活开展幼儿感兴趣的事。"孩子们对今天的活动非常感兴趣，尤其是在讨论选用材料时，他们的奇思妙想让我震惊。在制作过程中，他们敢于尝试利用自己的方法及材料进行制作，极大地发挥了他们的创造力、想象力和动手操作能力。在作品展示时，幼儿大胆讲述自己的灯笼创意，在自然的环境中为幼儿营造大胆表达的氛围，使他们轻松、愉快地表达自己的想法，从而收到了良好的教育效果。

24 快乐的生日

对象：中一班幼儿　　教师：吴迪

为了让幼儿了解自己生日的意义，了解妈妈孕育生命的艰辛过程，学会感恩母亲，学会与他人分享快乐，增强幼儿的语言表达能力和交往能力，我们设计了本次主题活动。

活动目标

1.培养幼儿的语言表达能力和人际交往能力，促进幼儿与同伴分享的优良品质的形成。

2.让幼儿学会感恩，了解生日的含义，增强幼儿的成就感和自我价值感，真正体验过生日的快乐和自豪。

活动准备

生日蛋糕、太阳头饰、地球仪，家长事先写好的信、贺卡等。

活动过程

1. 谈话

（1）你知道今天是谁的生日吗？你自己的生日是哪天？你还知道哪个家人的生日？

（2）朋友生日的时候，你会怎么做？怎样为他祝福？

（3）朋友请你一起分享生日蛋糕的时候，你会说些什么？

（4）你自己的生日希望有谁跟你一起过？怎样过？

2. 生日祝福活动

（1）请出小寿星，教师为他戴上生日帽，大家一起为他唱生日歌。

（2）教师和小朋友们为小寿星送上祝福语和生日礼物。

（3）了解自己长一岁的秘密。小寿星自己戴太阳头饰，代表太阳，另一名幼儿手拿地球仪代表地球，地球绕太阳一周代表一年，表示自己长大了一岁，让幼儿了解自己的成长过程。

（4）家长朗读信件、贺卡，请幼儿观看有关父母养育孩子的视频，感受父母的辛劳。

教师小结：孩子的生日就是妈妈的受难日，父母为了孩子的成长辛辛苦苦地付出，所以我们要在过生日的时候来感谢我们的父母。

（5）点燃生日蜡烛，过生日的幼儿许愿、吹蜡烛，并为其他幼儿和家长分发生日蛋糕，和大家一起分享过生日的快乐。

（6）大家一起唱歌、跳舞，为小寿星祝福。

3. 拍照留念

活动反思

本次活动增强了幼儿的自我价值感，尤其是过生日的幼儿，感到自己又长大了一岁，那种自豪感油然而生。幼儿在活动中学会了与人交往、给予别人关爱和接受别人关爱，社会交往能力得到了锻炼。活动中，我们充分发挥家长的作用，活动前和过生日的幼儿家长取得联系，让他们给孩子写一封信（信中可以写孩子成长中有趣的事或是家长对孩子的期望），家长的配合和支持保证了活动的顺利进行，也使幼儿对活动感到亲切、自然。特别是过生日的小朋友的妈妈在信中讲述怀孕时身体的变化及生产时的感受，这一内容最吸引孩子，也激发了孩子的情感，孩子们深深地感受到妈妈怀孕的辛苦，体会到父母对自己的爱，认识到过生日对自己成长的意义。本次活动对幼儿的社会性情感、个性和认知的发展都有积极意义。

25 阅读伴我成长——亲子阅读活动

对象：中三班幼儿　　教师：邢卫华

亲子阅读作为阅读的一种形式，它的独特之处在于阅读过程中亲子之间愉快的体验，很多时候孩子反复要听一个故事或者一定要和父母一起看书，他们享受的是与父母在一起度过的时光。亲子之间和谐自然的阅读对幼儿来说是一种生理和心理的需求。

活动目标

1. 丰富幼儿知识，开阔幼儿视野，培养幼儿的读书兴趣和良好的阅读习惯。
2. 让家长意识到亲子阅读的重要性，和孩子们一起读绘本，体验亲子阅读的乐趣。

活动准备

绘本《爱书的孩子》PPT、活字印刷体验工具、奇奇妙妙图书展览。

活动过程

1. 分享绘本故事《爱书的孩子》

（1）与幼儿谈话，引出主题

教师：小朋友们，今天老师给你们带来了一个问题，竖起小耳朵仔细听哟！你们拥有什么东西？请你们告诉老师。

（2）播放 PPT，讲述故事

教师：我们小朋友拥有的东西真多，可是安格斯和露西拥有的东西不多。他们没有电视机，没有车，甚至没有房子！

教师：但是我们刚刚看到了安格斯和露西一直都在做什么呀？那你们知道他们拥有的东西是什么了吗？

教师：安格斯和露西有书，有很多很多的书，他们很喜欢看书。我们小朋友喜不喜欢看书呀？你们都爱看什么书？

教师小结：安格斯和露西很喜欢看书，后来爸爸妈妈也爱上了看书，最后安格斯和露西发现什么是最幸福的事情？书是我们任何时候都需要的东西，我们不仅要爱看书，还要懂得保护图书，不能破坏它，让越来越多的人跟我们一起分享它。

2. 体验古人的活字印刷术

（1）介绍活动的环节，给幼儿讲活字印刷的起源和发展。

（2）亲子共同体验活字印刷。

先往字上刷油墨，然后将白色的宣纸反过来放到字上，再用刷子刷平整，保证每个字都印到了宣纸上。

3. 奇奇妙妙的图书展览

家长和幼儿一起开设图书展览，认识各种各样的图书，如立体书、有声图书等。

4. 亲子阅读

长长的书桌前，摆满了奇奇妙妙的图书：面具书、贴纸书、点读书、洞洞书……幼儿和家长一起寻找、挑选自己喜欢的图书，在父母的陪伴下一起阅读。

活动反思

亲子阅读对幼儿的成长有着不可估量的价值，在幼儿园开展亲子阅读势在必行。开展亲子阅读，我们要充分利用好幼儿园的图书资源，进一步发挥书籍在开阔幼儿视野、促进幼儿身心健康成长方面的作用，给幼儿一个富足的阅读资源库，让读书成为幼儿园与家庭沟通的桥梁。开放性的图书阅读资源让每一个家长走进幼儿园，走进阅读。老师可以向家长推荐一些游戏性儿童读物，引导家长们和幼儿同看一本书，让家长给幼儿讲述故事，帮助幼儿领会故事的意义。同时，要求家长做到持之以恒。亲子阅读也是许多家庭所乐于接受并参与实践的，因为和孩子共读一本好书可以为孩子带来无法估量的益处。以书为媒，以阅读为纽带，亲子阅读可以为幼儿开启智慧的大门；可以引领幼儿开拓更宽广的视野；可以激活幼儿的灵魂；可以帮助幼儿获得各种不同的人生体验，培养幼儿善良、祥和而聪慧的心灵。正因为有了亲子互动，读书成了幼儿生活中的一件乐事，温馨而充满活力！"只有创造性的劳动，才是最有价值的劳动"，亲子阅读就属于创造性劳动。为了下一代的健康成长，望天下父母都来重视亲子阅读。

26 亲子DIY饼干

对象：中二班幼儿　　教师：徐丽莉

结合中班主题活动"各种职业的人"，我们开展了"亲子DIY饼干"活动。通过活动，幼儿了解了糕点师的职业特征，幼儿在制作过程中充分运用多种感官，使想象力、创造力得到最大限度的发挥，完成精美的烘焙作品会让幼儿建立良好的自信，激发幼儿对生活的热爱和良好的审美情操并增进亲子情感。

 活动目标

1. 通过搓搓捏捏大胆地制作，体验制作饼干的过程。
2. 感受做糕点活动的愉快气氛，体验劳动后收获成果的自豪感。
3. 通过活动增进亲子情感。

 活动准备

1. 饼干实物若干，盛饼干用的盘子人手一个，烤箱、毛巾、饼干模具等。
2. 邀请糕点师、班级家长。
3. 制作饼干的相关食材。

活动过程

1. 品尝，猜想。

教师出示各种形状的饼干，请幼儿说一说饼干的形状。请幼儿品尝饼干，说一说饼干的味道。

教师：猜一猜，制作饼干都需要哪些东西？引导幼儿大胆猜想发言。

2. 认识糕点师及饼干的制作材料。

教师简单介绍制作饼干的几种不同材料，并向幼儿介绍糕点师。

教师：今天我们邀请了糕点师教大家一起来做香喷喷的饼干。

3. 教师带领幼儿及家长排队洗手。

4. 糕点师示范制作饼干的方法，带领幼儿及家长动手制作饼干。

教师巡视，家长指导幼儿制作饼干的方法、技能，并启发幼儿创造性地制作饼干，如制作动物饼干、数字饼干等。

5. 加工成熟。

（1）亲子制作完毕将饼干放入烤箱。

（2）教师带领家长、幼儿一起清理卫生，把剩余的面和辅助食品放到指定的地方。

（3）洗手。

6. 品尝饼干：家长和幼儿一起品尝烤好的饼干，分享劳动成果。

活动反思

本次"亲子DIY饼干"活动有效地引进了社会资源，把糕点师请进幼儿园。在宽敞明亮的活动室里，老师、幼儿和家长们共同体验美味饼干的制作过程。活动中，先由老师引导幼儿充分感知原材料的各种特性，再由糕点师向大家讲解制作步骤，并向大家详细示范制作饼干的过程，随后幼儿开始动手做饼干。幼儿拿着自己喜爱的饼干小模具，在面团上刻出各种各样的图案，有小狗骨头、爱心、小房子、小星星等，幼儿尽情发挥创意，和家长一起捏出不同造型的饼干。

此次活动充分挖掘了幼儿园、家庭、社会中的教育资源，放大资源效应，从而达到幼儿园教育、家庭教育和社会教育一致，共同促进幼儿发展的目的。幼儿在轻松愉快的活动中，动作、认知、语言等多方面能力得到发展，同时增进了亲子间的情感交流。

27 我的好爸爸

对象：中一班幼儿　　教师：张杰

父爱是世上最深沉的爱，拥有它，你就拥有了世上最宝贵的一笔财富。大多数父亲的工作都比较忙，与孩子交流的时间比较少，为了提供孩子和爸爸沟通交流的机会，增进彼此间的情感，在父亲节即将来临之际，我们组织了这次社会实践亲子开放活动。

 活动目标

1. 了解爸爸的工作，知道爸爸每天如何辛苦工作。
2. 通过游戏活动和制作礼物送给爸爸，增进幼儿与爸爸的情感。

 活动准备

录制爸爸工作的视频、游戏配乐、游戏中的"尾巴"、妈妈写好祝福的白T恤、各种颜料等。

活动过程

1. 通过 VCR 了解自己爸爸的工作
2. 亲子游戏活动
   （1）老师带领爸爸和幼儿做准备活动。
   （2）与爸爸们一起进行游戏，体验亲子游戏的快乐。
   ◆袋鼠爸爸：爸爸将幼儿抱在身前，幼儿双腿盘在爸爸身上，双手搂住爸爸的脖子，爸爸松开双手跑向终点。
   ◆小脚踩大脚：幼儿双脚踩在爸爸的脚上，爸爸和幼儿面对面、手拉手走向终点。
   ◆穿大鞋：爸爸脱下鞋子站在起点，幼儿拎着爸爸的鞋子跑到终点，脱下自己的鞋子，穿上爸爸的鞋子跑回起点，脱下爸爸的鞋子。爸爸穿上鞋子，抱着幼儿跑向终点，幼儿穿上自己的鞋子。
   ◆传球：爸爸抱着幼儿，幼儿背对着爸爸把腿圈在爸爸的腰上，爸爸双手托住幼儿的身体站成一排，幼儿传球。
   ◆揪尾巴：将"尾巴"粘在幼儿屁股上，幼儿骑在爸爸的脖子上，在规定的范围内揪"尾巴"，幼儿要保护好自己的尾巴，还要把别人的"尾巴"揪掉。
3. 送礼物、做礼物、送祝福
   （1）教师为爸爸发放妈妈送给爸爸的节日礼物——一件由妈妈写上祝福话语的白色 T 恤。
   （2）幼儿为爸爸制作节日礼物，在妈妈送的白色 T 恤的另一面作画。
   （3）将手绘好的 T 恤给爸爸穿上，送上自己祝福的话。
4. 爸爸穿上 T 恤合影

活动反思

父亲的角色在孩子成长的道路上有着不可或缺的作用。在现代家庭中，爸爸在孩子们心目中的形象是威严的，由于电子产品的盛行和工作繁忙等种种原因，有些爸爸与孩子们交流接触的机会甚少，所以借父亲节即将来临之际，我们中一班开展了"我的好爸爸"亲子实践活动。在活动中，幼儿通过 VCR 了解了爸爸工作的辛苦，与爸爸一同游戏，感受亲子间的快乐，父爱之情溢于言表。妈妈和幼儿的礼物也让爸爸感受到了家庭的温暖，活动中处处洋溢着快乐、温暖与感动。本次实践活动被爸爸们称为自己回忆中最有意义的一次活动。

28 水果乐翻天

对象：中三班幼儿　　教师：钟璐

水果是幼儿生活中常见的食物，它既营养丰富，又贴近幼儿的生活，孩子们都非常熟悉。"水果乐翻天"活动不但激发了幼儿吃水果的欲望，帮助幼儿养成了爱吃水果的习惯，知道多吃水果对身体有好处，又培养了幼儿的动手操作能力、审美能力及创造力，同时让幼儿进一步体验与同伴分享、交流合作的乐趣，增进亲子情感。

活动目标

1. 了解水果的基本特征，知道多吃水果有益健康。
2. 通过制作水果拼盘，培养幼儿的动手操作能力，发展幼儿的审美情趣。
3. 增进家长与孩子之间的情感交流。

活动准备

1. 家长在网上搜集一些水果拼盘图片，带自己所需的水果来园。（水果要在家里提先洗好）
2. 每个家庭准备一把水果刀、一个水果盘。
3. 绘本故事《好饿的小蛇》课件。

活动过程

1. 引出课题《好饿的小蛇》。
这条小蛇长什么样？

2. 欣赏PPT课件，熟悉故事内容。

（1）观察小蛇吃苹果的图片。请幼儿模仿小蛇吃苹果的体态动作。

（2）观察小蛇吃掉葡萄的图片。第二天，好饿的小蛇扭来扭去在散步，这次小蛇会吃掉什么呢？（葡萄）引导幼儿学习说"啊呜—咕嘟""真好吃"。葡萄是什么样子的？

（3）观察小蛇吃掉菠萝、香蕉的图片。好饿好饿的小蛇又吃了什么呢？请幼儿大胆猜测。了解菠萝、香蕉的特征。

（4）观察小蛇吃掉树的图片。引导幼儿用简单的语言描述出小蛇爬树、翻身、吞东西等动作。请幼儿模仿小蛇吃小树的体态动作。

3. 制作水果拼盘。

（1）出示各种水果实物，让幼儿通过看、摸、闻认识各种各样的水果。

（2）欣赏水果拼盘图片。教师播放幻灯片，让幼儿欣赏各种水果拼盘图片，激发幼儿创作兴趣。

（3）制作水果拼盘：

◆请家长带幼儿去洗手，在制作过程中应注意卫生和安全。

◆家长和幼儿一组，自由选择桌面上的水果进行拼盘制作，提醒家长和幼儿使用刀子时要小心。

◆展示制作好的水果拼盘，评出最佳色彩搭配奖、最佳合作奖和最佳造型奖。

◆场地整理：收拾桌面和地面。

活动反思

这是一次非常有意义的亲子活动，蕴含了丰富的教育价值。既能丰富幼儿的经验，又能增进家人和孩子间的感情，同时也让幼儿和家长体会到了创作和成功的乐趣。

这个活动具有认知的功能，观察了解各种各样的水果对幼儿来说就是一个非常直观的科学活动，家长可以让幼儿观察每种水果的外观、颜色、形状，闻闻它们的味道，了解不同水果的特征。在拼盘过程中，引导幼儿尝试简单的造型、配色，并能按照一定的规律进行摆放，在这个过程中幼儿非常快乐，因为他不再是一个无所事事的旁观者，而是一个参与其中的创造者，幼儿更能体会到学习的快乐，享受成功的喜悦。每个活动的目的不是为了最后的结果，我们为家长搭建平台，不是仅仅让家长来做一次水果拼盘，而是为了让幼儿在这种形式中得到学习和发展。

29 五颜六色的世界

对象：中三班幼儿　　教师：周晓宇

颜色能使世界变得美丽，也能美化幼儿的心灵。幼儿对五彩缤纷的世界十分喜爱。为了满足幼儿探究色彩奥秘的好奇心，也为了熏陶幼儿的美感，我们设计了"五颜六色的世界"实践活动。活动中我们以废旧纸箱为素材，引导幼儿彩绘纸箱，帮助幼儿进一步感受颜色，初步树立环保意识。

活动目标

1. 引导幼儿认知三原色，感受色彩混搭的秘密。
2. 发展幼儿的想象力、创造力及动手操作能力。
3. 通过活动，初步了解世界是五颜六色的。

活动准备

PPT课件、三原色贺卡、彩虹伞、纸箱、颜料、笔、刷子、涮笔筒。

活动过程

1. 讲述绘本故事。

通过绘本《莱尼喜欢蓝色》让幼儿知道世界五颜六色才最美丽。

2. 认知颜色。

出示三原色贺卡，先引导幼儿认识颜色，然后请幼儿找找身边红色、黄色和蓝色的物体。

3. 游戏环节。

"荷花荷花开"游戏（找颜色）：荷花荷花合，荷花荷花开。荷花里面有小孩，小孩小孩真乖啊，开得荷花乐开怀！

教师问：宝宝，宝宝，我问你，红颜色宝宝在哪里？幼儿回答：老师，老师，告诉你，红颜色宝宝在这里。教师依次提问，幼儿寻找其他颜色。

4. 亲子操作（纸箱绘画活动）。

教师出示范例，家长、幼儿开始操作，教师巡回指导。

家长和幼儿一起利用不同颜色的颜料和物品，充分发挥自己的想象，在废旧纸箱上进行创意绘画。整个活动现场大家兴致勃勃，家长们拼拼粘粘，孩子们涂涂画画，废旧的纸箱被装扮上了飞机、房子、机器猫、小动物等各种创意图案，一个个纸箱在幼儿的巧手中变得生动活泼起来。看着自己做好的小手工，孩子们欢呼雀跃，自信满满。

活动反思

为了顺利开展本次活动，我们做了充分的准备工作，从选材到设计，再到环节的组织，都做了精心策划，每一个细小环节都做了梳理。我们从幼儿的兴趣点出发，抓住孩子对游戏的兴趣，将游戏穿插在每一个环节中。

在整个活动过程中，幼儿的积极性、参与性很高，能够表达自己的想法和创意。幼儿能大胆运用色彩，随心所欲地在纸箱上画出自己喜欢的图案。

此次活动不仅巩固了幼儿对各种颜色的认识程度，更增进了亲子间的感情。

中班活动方案

30 消防员叔叔来了

对象：中一班幼儿　　教师：周滢滢

幼儿心中的消防员叔叔无所不能，英勇无敌。幼儿对消防员叔叔充满好奇，他们非常想了解消防员叔叔的服装及工具里的秘密，还想和消防员叔叔成为好朋友。为了让幼儿近距离地观察和认识消防员，提高幼儿消防安全防范意识，普及幼儿消防知识，增强幼儿的社会实践能力，在一个明媚的早上我们中一班的全体幼儿迎来了期待已久的消防员叔叔。

活动目标

1. 让幼儿了解消防员的工作，培养对消防员的敬意。
2. 了解简单的火灾防范知识，学习简单的自我保护技能。

活动准备

做客教师伊帆（凤城市消防队政委）和若干消防队员、消防车和消防工具。

 活动过程

1. 认识消防员，知道如果发生火灾应该拨打119火警电话。

（1）提问：小朋友们，你知道遇到火灾应该拨打什么电话吗？（幼儿回答119）

（2）提问：你知道消防员叔叔是怎样救火的吗？

2. 消防员讲解各种消防器材的功能及使用方法，并进行现场演示。

（1）介绍消防器械——灭火器。

（2）现场演示怎样使用灭火器。

（3）幼儿尝试使用灭火器。

3. 试穿体验消防员的消防服装和救生衣。

（1）消防员介绍救火时穿的消防服和消防装备，并演示短时间内快速穿好消防衣，请幼儿试穿消防服。

（2）向幼儿展示救生衣的特点，幼儿学习快速穿好救生衣。

4. 参观消防车中配备的工具和消防器材。

消防员现场打开消防车，逐一讲解车中的工具和消防器材的用途。

5. 合影留念。

幼儿很敬佩勇敢的消防员叔叔，积极和叔叔们合影。

活动反思

通过近一上午的体验活动，幼儿直观、真实地了解了消防车、消防工具的用途，拓展了幼儿的视野，提高了幼儿的安全意识和自我保护能力。同时幼儿更加深刻地了解了消防员的艰辛，从而也让幼儿对消防员这一职业有了更深一层的理解与钦佩，激发幼儿向消防员学习，学习他们勇敢、坚强、不怕困难的品质。我们相信，当孩子长大成人时，他们一定不会忘记这次有意义的活动！

大班活动方案

31 有趣的玉米叶

对象：大二班幼儿　　教师：关秀坤

陈鹤琴指出："大自然、大社会是活教材。"秋天是丰收的季节，玉米都成熟了，玉米叶在生活中很常见，幼儿对它既熟悉又陌生。幼儿通过动手制作，让玉米叶大变身，培养幼儿的动手能力、创造能力和想象力。

活动目标

1. 通过参观各种手工艺品，培养幼儿动手的兴趣。
2. 利用玉米叶进行粘贴，发展幼儿的动手能力。
3. 增进亲子之间的情感。

活动准备

1. 玉米叶手工艺品图片。
2. 玉米叶若干，剪刀、双面胶、黑色卡纸等。

活动过程

1. 出示玉米：引导幼儿认识玉米的构成。

（1）提问：小朋友，看看这是什么。（玉米）你知道包在玉米外面的是什么吗？（玉米叶）引导幼儿说说玉米叶的颜色、形状。

（2）引导幼儿说说玉米须是什么样的，让幼儿摸一摸，说出毛茸茸。

（3）说说玉米的吃法。

提问：小朋友，你知道玉米都可以做成哪些食物吗？鼓励幼儿大胆表达，如玉米饼、爆米花等。

2. 出示玉米叶手工作品。教师播放幻灯片，请幼儿欣赏玉米叶作品，激发幼儿的制作兴趣。

3. 玉米叶粘贴。

（1）教师为幼儿提供各种染好颜色的玉米叶、剪刀、双面胶等操作材料。

（2）家长和幼儿共同进行玉米叶粘贴，提醒幼儿安全使用剪刀，不要浪费玉米叶。

（3）请幼儿将做好的作品送到展示台上，互相欣赏。

活动反思

活动中，幼儿非常投入，和家长一起充分发挥自己的聪明才智动手创作。幼儿围在妈妈、奶奶的身边，时而用剪刀裁剪，时而用胶布粘贴，时而绘画，成了真正的制作小能手。大人孩子齐动手，创作出了一件件创意新颖、颜色艳丽的"艺术品"。活动极大地激发了幼儿的参与兴趣，往日坐不住的孩子都能认真制作。通过此次活动，幼儿提高了自信心，他们体验到了成功的喜悦。

32 走进军营

对象：大班幼儿　　教师：韩春海

- 绿色军营一直是孩子们心中向往的地方，解放军也是孩子们崇拜的偶像。为了让幼儿了解解放军官兵的日常生活和他们的光荣职责，感受军人风采，我们设计了"走进军营"社会实践活动，组织大班幼儿参观草河部队，零距离感受军人生活。

活动目标

1. 通过观察学习让幼儿了解军队生活，开阔幼儿视野，激发幼儿学习解放军勇敢坚强、不怕苦不怕累的精神。学习解放军严谨的生活作风，培养幼儿遵守纪律的习惯。
2. 培养幼儿的团队意识，形成集体观念和规则意识。

活动准备

事先联系好部队，做好相关准备事宜，组织幼儿自制小礼物。

活动过程

1. 走进军营，参观解放军叔叔的房间，观看内务表演，学习叠被子的方法及物品的摆放，了解解放军叔叔平时要遵守的各项纪律和规定。
2. 参观军营训练场，观看解放军队列训练。
3. 幼儿给解放军叔叔表演武术操。
4. 幼儿把自己精心制作的礼物送给解放军叔叔，与解放军叔叔自由交流，提出自己感兴趣的问题。
5. 与解放军叔叔告别，合影留念。

此次参观军营让孩子们大开眼界，解放军叔叔的内务管理、队列训练、队列表演、武术展示……每一项过硬的本领都给孩子们留下了深刻的印象，赢得了孩子们的阵阵掌声。孩子们在与解放军叔叔零距离接触中了解了军人服从命令、听从指挥的顽强作风，知道解放军叔叔时刻在保卫国家安全。此次参观，幼儿萌发了对解放军叔叔的热爱和崇敬之情，解放军叔叔勇敢自信、坚强不屈、不怕困难的良好个性品质也深深感染了幼儿，相信每一名幼儿都得到了成长。

大班活动方案

33 美丽的扇子

对象：大班幼儿　　教师：黄惠

扇子在生活中比较常见。由于现代科技不断发展，扇子逐渐被家里的电风扇、空调等电器所取代，幼儿接触扇子的机会越来越少了，所以我设计了本次社会实践活动。根据孩子的年龄特点和季节特点，让幼儿体验动手操作带来的快乐，发展幼儿的小手灵活性，培养幼儿的手眼协调能力和对绘画活动的兴趣，通过幼儿亲手设计绘画扇子的过程，让幼儿潜移默化地感受扇文化的魅力，培养幼儿的审美情趣。

活动目标

1. 了解扇子的种类及组成部分，学习画扇子。
2. 知道扇子是中国传统的消暑工具。
3. 体验绘画的乐趣。

活动准备

没有图案的白色扇面、扇柄人手一份,颜料若干,幻灯片课件。

活动过程

1. 观察、了解扇子的种类及特点

教师利用电教媒体向幼儿展示生活中各种各样的扇子,幼儿观看图片并了解扇子的种类,知道扇子多种多样。引导幼儿观察扇子,了解扇子的组成部分,为幼儿进行绘画做好准备。

2. 欣赏优秀的扇子绘画作品

教师向幼儿展示作品,让幼儿直观欣赏其他幼儿绘画的扇子作品,教师一边介绍作品,一边启发幼儿设计出自己喜欢的独特扇子。

3. 幼儿绘画、装饰扇子

教师讲要求,分发扇子(没有图案),幼儿开始动手绘画、装饰,对能力较弱的幼儿给予适当的帮助,鼓励幼儿画有特点的扇子。

4. 向同伴介绍自己装饰好的扇子作品

5. 展示幼儿作品

教师将幼儿作品展示在前面,让幼儿有足够的成就感、自豪感。

6. 家长和幼儿合影

幼儿带着自己的作品与家长合影,留下美好的回忆,鼓励家长积极参与我们的社会实践活动,让孩子享受绘画带来的快乐。

活动反思

此次活动我们结合季节特点开展,让孩子在欣赏不同的扇子及了解扇子名称、用途的基础上大胆运用图案装饰扇面,给予孩子更多的想象空间和学习空间。活动中鼓励幼儿用所学过的绘画技能大胆装饰扇面,幼儿展开想象的翅膀,和家长一起尽情地涂涂、画画、剪剪、折折。孩子们的创作多种多样,富有个性和创造性。"每个孩子都是天生的艺术家",我们要善于给他们提供创作的机会,让幼儿创作出更美的画卷。

34 纸盒变变变

对象：大二班幼儿　　教师：孙颖

随着经济的发展，人们生活水平日益提高，生活垃圾也随之增多，比如各种各样的包装盒，真是不忍心把它们扔进垃圾箱。为何不利用它们来制作玩具呢？让幼儿认识盒子的质地不也可以丰富知识吗？于是我组织孩子们收集纸盒，再将它们带到幼儿园，并鼓励家长共同参与环保活动，与幼儿一起制作玩具，充分合理利用家长资源。

　活动目标

1. 认识各种各样的盒子，了解盒子的用途。
2. 增强环保意识，能利用废旧物品制作玩具。
3. 鼓励家长积极参与活动，通过活动增进亲子情感。

　活动准备

1. 幼儿收集各种大小不同、安全无毒的废旧纸盒。
2. 剪刀、双面胶、丝带、画笔、彩纸等。
3. 教师用废旧物品制作的成品，如汽车、大炮、火箭等。

　活动过程

1. 幼儿介绍自己带来的废旧物品。

教师：小朋友，前几天老师请大家做小小收集员，把家里废弃的纸盒带来，小朋友们都很积极，收集了许多好东西，谁来说说你收集到了哪些宝贝？（如酸奶盒、鞋盒、牙膏盒、药盒等）

2. 欣赏作品。

教师出示自己制作的成品，幼儿欣赏。

提问：这是什么？它是用什么做成的。（幼儿回答）

在幼儿欣赏、观察的基础上教师有目的地介绍2~3种作品。

提问：如果这些做好的玩具坏了，还有用吗？（幼儿回答后，教师根据他们的回答做出应答）

总结：最后我们把它们送到废品回收站，送到工厂再加工，重新变成有用的东西。

3. 亲子制作：变废为宝。

教师：你们想不想做个小小魔术师，和爸爸妈妈一起把这些盒子变成好玩的东西呀？

（1）教师提出制作要求：你想用什么宝贝做一个什么玩具？跟同伴讲讲，也可以和朋友合作，用不同的方法对纸盒进行改造、装饰，使它变成好玩的玩具。

（2）亲子制作玩具，教师对完成任务有一定困难的家庭给予帮助。

（3）完成后展示，可以相互进行简单介绍。

教师：小朋友，真正好，废旧物品当成宝，动动小手，动动脑，变成大炮和拖车，变出桌子和椅子，变废为宝真正妙！

教师：今天，我们用废弃的纸盒做了好玩的玩具，我们要记住，以后不要随便把纸盒、瓶子扔掉，可以把它们洗干净带到幼儿园，我们一起让它们变变变，成为我们的好朋友。

（4）幼儿和家长拿着做好的玩具去做小小宣传员，请其他班的小朋友参观欣赏。

活动反思

"纸盒变变变"活动旨在让幼儿在玩中学、学中玩，充分发挥幼儿的创造力。活动前我们鼓励家长和孩子一起收集干净、卫生、安全的废旧纸盒，并提供了可供选择的辅助材料进行制作活动，在动手、动脑、玩玩做做活动中发展幼儿的创造能力。

在制作活动中培养幼儿的合作意识，幼儿在合作过程中可以充分发挥自己的优势，同时弱势能力在家长的帮助下得到了发展。在制作过程中，亲子共同完成任务，如把各种盒子制作成汽车、机器人，大、小鞋盒加上一只牙膏盒制作出一辆坦克，用衬衫盒子制作时钟……活动后，家长和孩子们表现得意犹未尽，看到自己的作品展示在活动室墙壁上，仍深深陶醉其中。此次活动让幼儿体验到了成功的滋味，增强了幼儿的环保意识，也增进了亲子感情。

35 亲子时装"秀"

对象：大二班幼儿　　教师：邢娜娜

在"三八"妇女节来临之际，为让幼儿了解妈妈在自己成长过程中所付出的辛苦，培养幼儿对妈妈的感激与敬爱之情，设计此次活动。活动中让幼儿初步了解"我"从哪里来，感受妈妈孕育宝宝的辛苦。引导幼儿用歌唱、送花、捶背、送祝福等形式向妈妈表达感激之情；通过亲子制作创意服装，培养幼儿的创造力和对美的感受，并通过走秀增进亲子情感，让幼儿从小学会感恩。

活动目标

1. 让幼儿初步了解"我"从哪里来，感受妈妈孕育宝宝的辛苦。
2. 知道"三八"妇女节，并用各种方式向妈妈表示感谢，懂得感恩，增进幼儿与家人之间的情感。

活动准备

1. 通知妈妈或女性家长来园参加活动。
2. 秘密通知男家长为妻子录制一段想对妻子说的心里话。
3. 请来医生妈妈和孕妈妈。
4. 鲜花、时装道具（海绵纸、亮光纸、报纸、包装纸、各种胶类、剪刀、订书器、纸盒、拉花），布置场地。
5. 走秀音乐。

活动过程

1. 主持教师向家长致欢迎词
2. "我"从哪里来

（1）请幼儿对孕妈妈与班级教师进行对比观察，引起幼儿产生对宝宝从哪里来的好奇心。

（2）请医生妈妈用故事的形式讲解胚胎的形成以及当妈妈的不易，让幼儿感受妈妈的辛苦。

3. 妈妈为我做了什么

谈话交流，请幼儿讲讲妈妈在我们成长过程中为我们做过的事。

4. 播放视频，送鲜花

（1）请妈妈观看男家长以及幼儿送给他们的节日祝福。

（2）孩子给妈妈送上一束康乃馨，并在妈妈耳边说"妈妈我爱你"，给妈妈捶背、捶腿，给妈妈送来节日温暖。

5. 亲子制作服装

教师给家长准备丰富的材料，家长和幼儿在欢乐的氛围中制作亲子创意服装，制作中生生互动、亲子互动、家园互动，大家互相协助，孩子笑声不断，家长们也手舞足蹈，充满了欢快的节日气氛。

6. 时装秀

（1）幼儿走秀。

（2）家长和幼儿一起走秀。家长带领幼儿站在舞台的两侧，跟随音乐依次走向舞台中央。

（3）妈妈们走秀，将整个活动推向高潮。

活动反思

本次活动从设计到前期准备及与男家长的沟通，教师都做了充分准备，活动也得到了男家长的大力支持，班里每一位男家长都能利用自己的业余时间录制视频，为爱人送上祝福。有的还精心准备了礼物通过老师转交。女家长们也提前对自己想做的服装进行造型构思和材料上的准备。活动环节紧凑，氛围浓厚。在亲子制作服装的过程中，家长和孩子们一起利用不同的材料，充分发挥想象，进行创意制作。整个活动现场大家兴致勃勃，家长们拼拼贴贴，孩子们剪剪画画，一张张彩纸、报纸在孩子和家长们的巧手中变得生动活泼起来，不一会儿就创作出各种造型的服装：白雪公主、黑猫警长、蝙蝠侠……穿上自己设计的服装，孩子们特别有成就感。在走秀环节孩子们也是兴致勃勃，表演欲望特别强烈，好像自己就是小模特。此次活动，锻炼了幼儿的动手能力，让幼儿通过实际行动向妈妈表达爱，达到了预期效果。

36 今夜我住幼儿园

对象：大二班幼儿　　教师：叶晓慧

随着小学生活的临近，孩子们在幼儿园的快乐生活即将结束。为了给孩子们送上一份特别的礼物，给孩子的幼儿园生活画上一个完美的句号，我们设计了"今夜我住幼儿园"社会实践活动。活动当天，孩子早上来园，晚上家长不来接，让他们在离开父母照顾的情况下，能够在幼儿园集体度过一夜。第二天早上家长再来园接孩子。相信这次独特的情感体验一定能成为幼儿的成长日记中快乐、美好的一篇。当他们长大后，回想起这次活动，一定会感谢父母、老师给了他们这么美好的童年回忆。

活动目标

1. 培养幼儿的独立性、自信心，提高幼儿独立生活的能力和勇敢、坚强的品质。
2. 培养幼儿在集体中团结友爱、互相帮助的情感。

活动准备

家长为孩子准备必备的生活用品（牙刷、脸盆、毛巾、少量零食、睡衣、一个擀面杖等）。

活动过程

1.4月8日下午15：00—16：00，幼儿练习擀面皮、包饺子，准备晚餐，老师细心指导示范。

16:10—17:30，联欢会。幼儿展示自己精心准备的小节目。

17：30—18：10，晚餐。

18：10—18：40，观看动画片。

19：00—20：30，睡衣秀。幼儿换上独具个性的睡衣，随着音乐在舞台上走起了模特步，还摆出了各种有趣的姿势，活动达到了高潮。

20：30—20：40，分享零食。幼儿纷纷拿出自己的零食与同伴分享。

20：40—21：00，洗漱。在老师指导下，幼儿有序地完成了刷牙、洗脸、洗脚、整理物品等睡前工作，陆陆续续爬上了小床，伴随着老师的故事进入了甜甜的梦乡……

21：00，睡觉。

2.4月9日上午6：30—6：40，起床。

6：40—7：00，洗漱。

7：10—7：30，早锻炼。

7：30，家长接孩子。

活动反思

此次"今夜我住幼儿园"活动是我园开展的幼小衔接系列活动之一，给幼儿提供了一个离开父母独自在幼儿园过夜的机会。孩子们虽然第一次离开父母，但是他们有了小伙伴的陪伴，每个人都很开心，自己的事情自己做，晚上入睡时也没有表现出不好的情绪。此次活动既锻炼了幼儿的独立性和自理能力，也培养了他们勇敢、坚强的品质，同时使幼儿体验到成长的快乐。"今夜我住幼儿园"活动在幼儿童年成长中留下了一个难忘的足迹，一次宝贵的体验，这将是幼儿心中永远的回忆！

37 团团圆圆过中秋

对象：大二班幼儿　　教师：于妍

中秋节是我国的传统节日，通过"团团圆圆过中秋"主题活动，幼儿对中秋节有了初步的认识和了解，感受到花好月圆、合家团圆的美好氛围。活动中，通过和幼儿一起讲中秋节的故事，品尝、制作月饼，为幼儿创设感知、想象、探索、创造的机会，在满足幼儿好奇心的同时，提高他们的观察能力和动手操作能力，同时也培养了幼儿对我国传统文化的兴趣和学习欲望。

活动目标

1. 初步了解中秋节的来历和吃月饼的习俗，知道中秋节是我国传统的团圆节。
2. 了解月饼的制作过程，练习用团、压、捏、印的方法制作月饼，体验与同伴、老师一起过节的快乐。

活动准备

有关中秋节的PPT，做月饼的模具、面粉、馅泥等材料，帽子，围裙，歌曲《爷爷为我打月饼》，各种月饼。

 活动过程

1. 谈话

你知道中秋节是哪一天吗？中秋节的月亮是什么样子的？你知道中秋节的来历吗？

2. 了解习俗

通过观看PPT了解有关中秋节的习俗。农历八月十五是我国的传统佳节——中秋节，又称"八月节""团圆节"等。中秋月圆象征着家人的团聚，吃月饼也成为节日里的一种习俗。

3. 制作月饼

教师向幼儿介绍制作月饼的相关材料。通过实物引导幼儿说出月饼的形状不同、花纹不同、馅料不同等。

教师示范月饼的制作方法：将面团揉好，用手团、压，然后选一种馅泥，一手托皮，一手沿皮的边缘包上，捏紧。将包好的面团放入模具，摁一下，然后压出来。

4. 分享

幼儿在《爷爷为我打月饼》的歌曲声中分享品尝自己制作的月饼，体验成功的喜悦。

活动反思

迎中秋活动，让幼儿了解了中国的传统文化和习俗，培养了幼儿的爱国主义情感，更增进了家园沟通，促进了家园共育。在本次活动中，幼儿了解了中秋节的习俗，学会了歌曲，还兴致勃勃地和家长一起制作月饼，孩子们团、捏、揉、压，不一会儿一款款造型独特并充满浓浓爱意的月饼便制作成功。在烘烤月饼的过程中，幼儿还制作了寓意团圆美满的灯笼。不一会儿，一盘盘月饼出炉了，吃着香甜的月饼，分享美味的水果，幼儿充分感受到了大团圆的节日氛围。

38 小小魔术师

对象：大班幼儿　　教师：张娟

　　魔术是我们在电视上经常能看到的节目，幼儿对它也比较熟悉。在孩子的眼里，魔术师是非常神奇的、无所不能的人物，对于有一定生活经验和独立思维的大班孩子来说更有吸引力。有一次我带孩子们观看魔术表演，孩子们兴趣十足，于是引发了我的思考：开展一次关于魔术的实践活动不是挺有意义的吗？于是我特意安排了这个活动——小小魔术师，这是一个激发幼儿探索兴趣、锻炼幼儿动手动脑能力的活动。活动设计既符合大班幼儿的年龄特点，又符合幼儿的现实需要，同时也能让幼儿体验到魔术带来的快乐。

 活动目标

1. 通过看魔术表演培养幼儿的观察力及对事物的探究兴趣。
2. 通过尝试操作魔术，发展幼儿的动手能力。
3. 感受魔术带来的快乐。

 活动准备

　　方形卡纸（数量是幼儿人数的2倍），红纸圈、黄纸圈（数量与幼儿人数相等）。

 活动过程

1. 谈话。
（1）小朋友，你们看过魔术表演吗？在哪看过？
（2）魔术师在表演什么？神不神奇呀？

2.教师变魔术，给幼儿留下悬念，激发幼儿动手操作以及探索小兔子魔术秘密的欲望。

（1）魔术1：教师演示用手撕纸，将彩纸变成小兔子。

（2）魔术2：教师表演魔术，让小兔子的耳朵动起来。

◆教师示范魔术表演，让兔子耳朵动起来。

◆幼儿尝试操作，探索其中的秘密。

◆幼儿展开讨论：老师手中的兔子耳朵是怎么动起来的？

◆教师再次演示魔术，并揭示谜底。

（3）幼儿操作，自主探究，教师巡回指导。

（4）幼儿邀请在场教师一起表演。

3.引导幼儿探究纸环魔术的秘密。

（1）教师表演纸环魔术，引起幼儿的兴趣。

（2）幼儿自由操作，探索奥秘，教师巡回指导。（提醒幼儿用剪刀时注意安全）

（3）幼儿说说发现的秘密（一个环是正的，一个环是"8"字形），并请个别幼儿示范把纸条变成拧好的圈。

（4）师幼共同操作，将"8"字形纸环变成一个大圈。

4.小结。孩子们，今天我们也过了一把魔术师的瘾，你们高不高兴啊？回家后，把今天学到的魔术表演给爸爸妈妈看。千万要记住魔术的秘密，表演的时候一定要把它藏好，不要被发现。

活动反思

此次的活动设想来源于一次我带幼儿观看魔术表演时他们表现出的浓厚兴趣。活动中，无论是观看教师表演魔术，还是自己动手操作、发现秘密，幼儿都体验到了快乐。

活动过程中，教学条理清晰，示范明确，幼儿被强烈吸引了，探索气氛比较浓厚。从撕纸的简单小魔术过渡到比较难的长纸条变成环的魔术，由看、猜、做到解密，幼儿在看看、猜猜、想想、玩玩中产生了对事物的探究兴趣，观察能力也得到提高。整个活动中，教师为幼儿创造了一个神秘的情境。如：让幼儿在教师的手上吹一口气，教师假装用针线拉动兔子的耳朵，让幼儿猜猜接下来会发生什么事情等，牢牢地吸引住了幼儿的注意力，不知不觉中引发了幼儿的一系列思考。教师鼓励每一名幼儿都亲自尝试玩魔术，幼儿也学会了"假动作""把秘密藏好"等技能，既让幼儿感受到了魔术的快乐，同时也发展了幼儿的动手能力。

混龄班活动方案

39 走进春天，收获快乐

对象：混龄五班幼儿　　教师：李明

春回大地，万物复苏，为了让孩子们感受大自然的美好，开阔视野，激发他们热爱大自然、热爱劳动的情感，正值草莓成熟季节，我们精心策划了采摘活动。通过活动，让幼儿了解植物的生长，感受春天万物生长的蓬勃景象，体验收获的喜悦心情。

活动目标

1. 通过采摘，认识并了解草莓的生长环境；培养幼儿不怕困难、团结互助等品质。
2. 让幼儿体验劳动的艰辛与快乐，增进他们热爱劳动、珍惜劳动成果的情感。
3. 丰富幼儿对采摘的体验。寻找和观察春天的美景，感受大自然中各种植物的变化，通过采摘了解春天是草莓成熟的季节。

活动准备

1. 事先联系采摘园，做好相关事宜。
2. 条幅（混龄五班亲子采摘活动）。
3. 创可贴、芦荟胶、消毒水、药棉、纱布、卫生纸、塑料袋等。

活动过程

1. 教师在集合点整队，向草莓园出发。
2. 到达目的地后组织幼儿如厕、整队。组织幼儿听种草莓的爷爷讲解草莓的生长过程，让孩子懂得果实来之不易，要珍惜别人的劳动成果，不浪费。
3. 找宝活动。教师在小纸条上写上奖品的名字，然后把纸条藏在采摘区域内幼儿容易发现的地方。
4. 采摘。嫩绿的叶子，红红的草莓，大家迫不及待地和爸爸妈妈一起摘草莓。比一比，谁摘的草莓大，看一看，谁摘得多！红红的草莓装满了口袋。大约一小时后，每个人都已经腰酸背痛，这又让孩子们切身感受到了果农们的辛苦，当甜甜的草莓汁流淌在每个人的嘴里、心里时，大家的脸上都洋溢着开心、幸福的笑容。

活动反思

这次亲子采摘活动，让孩子们走进大自然、接触自然、了解自然，了解了农民劳动的艰辛，懂得要珍惜劳动果实。同时，也给家长创造了和孩子一起劳动的机会，增进了亲子间的感情，活动受到家长和孩子们的欢迎。活动收获的不仅仅是满载而归的草莓，更多的是集体出游的快乐和幸福。

40 小鬼当家——跳蚤市场

对象：混龄一班幼儿　　教师：白雪峰

通过让幼儿参与"跳蚤市场"活动，将不用的图书、玩具、学习用品等拿到跳蚤市场进行买卖交换，对废旧物品进行再利用，变废为宝，培养幼儿的节约意识，引导幼儿关注生活、学会生活、享受生活。在社会实践中提高幼儿的实践能力和社会适应能力，培养幼儿的市场意识和物质交换意识，树立走向社会、走向市场的经营观念，宣扬勤俭节约的生活作风。

活动目标

1. 促进幼儿社会性发展，能积极主动、大胆地与人交往，买卖过程中能正确使用礼貌用语。
2. 初步了解买卖与交换过程中的规则与方法，有成本意识，能计算自己的盈利收入，积极推销物品。
3. 在社会实践活动中养成勤俭节约的优良品质，体验生活带来的乐趣。

活动准备

1. 家长协助幼儿准备一定数量的小商品，记录成本价，并确定卖出价。也可以是家中的旧物品（孩子看过的图书、玩过的玩具等，但要基本完好）。
2. 自创特色摊位（包括铺在地上的野餐布或地垫、特色创意叫卖、特色招牌、广告宣传语等）。
3. 活动标语、活动场地布置。

活动过程

1. 家长、幼儿根据班级场地划分入场，并在划分范围内自由选择买卖场地。
2. 9：00主持人进行开场白并介绍活动规则及注意事项，宣布活动开始。
3. 亲子活动"跳蚤市场"：孩子们认真经营自己的摊位，有的卖玩具，有的卖学习用品，还有的卖食品。孩子们可以用钱币买卖，也可以用置换的方式得到自己喜欢的东西。班级老师及时了解各家庭买卖情况，并关注班级幼儿表现，适当介入，及时评价、鼓励孩子。
4. 10：30停止营业，清算各家的盈利，选出销售冠军。
5. 主持人宣布活动结束，大家合影留念。

活动反思

这次活动，孩子们交换的是玩具，换来的却是成长。孩子真实地体验了交易和买卖的过程，在活动中学会了合理地分配自己的钱财，有了初步的理财能力。在活动中幼儿能大胆表达自己的想法，同时也学会听取别人的意见，学会与他人进行协商。幼儿在社会实践活动中养成了勤俭节约的优良品质，体验了生活带来的乐趣。

41 放飞风筝 放飞梦想

对象：混龄六班幼儿　　教师：曹汝玲

"儿童散学归来早，忙趁东风放纸鸢。"正值春季，我们邀请爸爸妈妈和小朋友一起制作风筝，放飞风筝、放飞梦想，充分享受 DIY 的乐趣，感受春天的到来，在孩子成长的过程中留下温馨、美好的回忆。

活动目标

1. 幼儿、家长、老师共同分享参与游戏的乐趣，加深家园情、师生情、亲子情。
2. 给幼儿表现自我的机会，培养幼儿活泼、开朗的性格，促进幼儿交往能力的发展。
3. 通过活动，家长进一步了解幼儿的心愿，促进家园同步教育。

活动准备

DIY风筝若干、水彩笔若干。

活动过程

1. 报到。接待到场家长与幼儿，进行签到。现场可以播放欢快的、充满春天气息的音乐，以烘托气氛。
2. 播放音乐，家长与幼儿一起跳热身舞。
3. 巧手风筝DIY。家长领取制作创意风筝的材料，与幼儿在规定区域内共同设计、绘画独具创意的风筝。鼓励幼儿与家长自由大胆设计风筝。
4. 休息。收拾现场，幼儿如厕等，场地转移。
5. 放飞风筝，放飞梦想。以家庭为单位在操场上放飞风筝，幼儿尽情享受放风筝带来的乐趣，操场上成了孩子们欢乐的海洋。

活动反思

本次活动是一个创意活动，活动中让幼儿自主选择各种材料进行创作，把创作的空间留给幼儿。通过亲子创作、放飞自己制作的风筝，让幼儿感受自然的美好，幼儿用自己的双手创造了美，在充分享受自然、分享快乐的同时增进了亲子关系，给幼儿的童年留下了精彩的回忆。

42 父亲节活动——手绘T恤

对象：混龄一班幼儿　　教师：丁莹

父亲，在我们的印象中是沉默、严厉、睿智的，父亲对我们的爱总是埋藏得很深。每年的父亲节孩子们都会送出一份礼物，但是什么礼物才能表达心意呢？父亲也许根本不在乎礼物有多贵重，哪怕只是孩子亲手在T恤上画出简单的一颗红心，抑或是简单地写几个字送给父亲，父亲都能感受到来自孩子深深的爱意。父亲们穿上承载着孩子心意的、亲手绘制的T恤，该是多么神气和自豪啊！而孩子们也会从小明白什么是感恩的心……父亲节，幼儿园开展了父子同乐的手绘T恤亲子活动。

活动目标

1. 通过故事、谈话的形式，让幼儿了解爸爸的本领。
2. 为爸爸手绘T恤，用行动表达对爸爸的爱。
3. 增进父子间的感情。

活动准备

绘本《我爸爸》、白色T恤、各色水粉颜料、画笔。

活动过程

1. 谈谈自己爸爸的职业和爱好

教师：每个人都有爸爸。谁愿意介绍一下自己的爸爸是做什么工作的，有什么爱好？（幼儿自由介绍，教师加以提炼：威武勇敢的警察爸爸，厨艺高超的厨师爸爸，爱运动的爸爸，善于传授知识并且爱学习的教授爸爸等）

教师：你们的爸爸从事着不同的职业，都在努力工作，他们爱学习，爱运动，每个爸爸都与众不同。你们的爸爸真了不起！

2. 欣赏绘本《我爸爸》

（1）欣赏绘本第一部分，认识布朗的爸爸。

（2）欣赏绘本第二部分，理解绘本内容，感受布朗爸爸真的很棒。

教师：我们的爸爸也有很多本领，有很多的优点，有很多与众不同的地方。

（3）欣赏绘本第三部分，迁移幼儿的生活经验，引导幼儿理解爸爸对自己的爱。

教师（出示布朗爸爸扮鬼脸的画面）：布朗爸爸在干什么？布朗爸爸为什么会扮鬼脸呢？（想逗布朗开心）

教师：当你不开心的时候，你的爸爸是怎样逗你开心的？（幼儿讲述）

3. 配乐欣赏绘本《我爸爸》

教师和幼儿以及家长一同完整欣赏绘本故事《我爸爸》。

教师：我们的爸爸每天工作很辛苦，父亲节即将到来，我们送他们一件礼物吧。

4. 亲子手绘T恤送给爸爸

（1）将幼儿分组，分发白色T恤、画笔以及颜料。

（2）各家庭按照自己准备的图案进行绘制。

5. 和爸爸一起走秀

跟随音乐进行亲子模特表演，并用相机记录美好的回忆。

6. 集体合影

爸爸是孩子成长道路上不可或缺的角色，而孩子经常见到的却是爸爸忙碌的身影，亲子间交流接触的机会甚少。为了让爸爸多陪伴孩子，在孩子成长的过程中留下更多美好的回忆，我们特意开展了"手绘T恤"的父亲节活动。爸爸放下繁忙的工作，陪伴在孩子身边，是孩子最快乐的时刻。孩子知道爸爸为家里付出了很多，把对爸爸浓浓的爱意认真地绘画在T恤上。孩子的作品完成后，同爸爸一起走秀，一件件作品凝聚了孩子对爸爸最纯真的爱，感动着在场的每一个人，情感的火花由此绽放！在世间，有一种真挚的爱叫作陪伴——"你陪我长大，我陪你变老"！

43 亲子采摘快乐行

对象：混龄六班幼儿　　教师：都琳琳

为了让幼儿开阔视野、增长知识、亲近自然、感受生活，让幼儿在与大自然的接触中感受秋天的季节特征、感受植物的成长过程，走进田野感受农家的乐趣，我班组织了一次"相约秋天、走进自然"的摘苹果社会实践活动。

活动目标

1. 接触大自然，知道苹果的生长过程，感知秋天硕果累累的场景。
2. 增进亲子关系，让幼儿在亲子活动中学习知识，感受快乐。
3. 培养幼儿的团结协作能力。

活动准备

事先联系好苹果园、大客车，做好相关准备。
活动地点：草河山东沟果园。

活动过程

1. 全体集合，教师交代安全事项。

教师：整个活动过程请大家注意安全，家长照顾好自己的孩子，并服从集体安排，不得单独行动。

2. 教师讲解苹果的生长过程。

开花——授粉——结果——发育——成熟

3. 教师组织全体幼儿一起跳集体舞《小苹果》。

4. 幼儿与家长分组进行采摘活动，体验采摘的乐趣。家长负责看护幼儿，提醒幼儿爱惜果实，不能浪费。教师跟随各组活动，注意抓拍幼儿采摘过程中的精彩瞬间。

幼儿在采摘过程中不得私自离队，家长负责孩子的安全。

5. 采摘活动结束，组织幼儿进行体育游戏，集合返回。

6. 注意事项：

（1）8：30准时到幼儿园集合。

（2）请家长和幼儿穿戴轻便、暖和的服装及合脚的运动鞋。

（3）由于活动地点在野外田地，请家长给孩子准备好水、湿巾等户外出行物品。

（4）请家长看护好幼儿，为了安全起见告诉幼儿不要爬树，不要随意折断树枝或将摘下的苹果扔掉。另外，苹果上可能有农药残留，摘下后洗净再食用。

活动反思

通过此次活动，幼儿开阔了视野，增长了知识，体会到农民种植苹果的辛苦，感受了收获的喜悦。同时，此次活动也给家长们创造了一次亲近孩子的机会，让他们能够更加深入地了解自己的孩子，从而增进孩子与家长之间的亲情。强调自我实践体验的亲子活动特别有意义和价值，无形中既教育了幼儿要养成独立自主、自己动手的良好习惯，又增进了亲子情感，同时使幼儿教育融入自然，回归自然。

44 秋的足迹——"树叶粘贴画"

对象：混龄四班幼儿　　教师：韩晓蕾

秋天是美丽的季节，也是收获的季节，是大自然给予幼儿亲近秋天、感受秋天的大好时机。结合季节特征，我们设计了"树叶粘贴画"亲子活动。通过活动锻炼幼儿的动手能力，帮助幼儿树立绿色环保意识，增进幼儿对大自然的热爱，同时让幼儿体验成功的喜悦，增进亲子之间的情感交流。

活动目标

1. 观察树叶，能说出树叶的颜色、形状、大小等特征。
2. 掌握树叶贴画的基本方法。
3. 发挥幼儿的想象能力，培养团结协作的能力，增进亲子之间的情感交流。

活动准备

1. 发动家长和幼儿利用秋游、爬山、散步等机会，采集和捡拾各种大小不一、形状和颜色各异的树叶。教师把收集到的树叶压平。
2. 秋天树叶飘落图一张，树叶贴画成品图两张。
3. 白纸、剪刀、乳胶、各种彩色卡纸。

活动过程

1. 谈话引入

教师：大家知道现在是什么季节吗？（秋季）

出示秋天树叶飘落图，让幼儿观察，感受秋天的独特风景。

教师：叶子宝宝纷纷离开了妈妈，它们随着秋风飘落下来。一群孩子把这些可爱的树叶捡起来，带回了家。你们知道把叶子宝宝带回家能做什么吗？（幼儿发言）

2. 欣赏树叶贴画作品

教师：老师跟小朋友们一样，非常喜欢秋天的叶子宝宝，所以我就把它们收集起来，根据叶子的形状和颜色进行简单的修剪后，再将它们摆一摆、拼一拼、贴一贴，就变成了美丽、有趣的图画。你们想看吗？

出示树叶贴画作品（金鱼贴画、狮子贴画）。问：我们来看看，叶子变成了什么？这种用树叶贴出来的画叫作树叶贴画，你们想不想也用树叶贴画呢？

3. 认识几种常见的树叶

出示枫叶，请幼儿观察特征。

教师：小朋友，这是什么叶子？（枫树叶）枫树叶是什么样的？谁来说说？

引导幼儿说出枫树叶有红色的、黄色的，像鸭子的小脚丫一样可爱。

用上述同样的方法让幼儿了解大叶榕树叶、小叶榕树叶、葡萄叶的外形特征。

小结：这些叶子宝宝都是小朋友和爸爸妈妈收集的，经过处理后，我们可以把叶子贴成一幅幅有趣的画。小朋友们能做到吗？

4. 分组制作树叶贴画

将幼儿分成四个小组，每个家庭派一名家长参与活动。

出示制作材料，引导幼儿用剪、拼、粘的方法制作树叶粘贴画，体验粘贴树叶的快乐。

教师：现在请小朋友制作自己的、独一无二的"树叶粘贴画"。先把图形摆好，然后用胶棒贴在纸上，再用彩笔点缀一下画面，使画面更加美观。

每组幼儿根据分配的树叶材料共同完成不同的贴画作品，教师巡回指导。

5. 总结

今天，小朋友通过和爸爸妈妈团结协作，共同完成了树叶贴画作品，你们觉得漂亮吗？其实，美就在身边。生活中有许许多多像树叶一样的自然材料，如布头、瓜子壳、蛋壳等，只要我们能像今天这样多观察、多动脑、多动手，将它们拼一拼、剪一剪、贴一贴，就一定能做出美妙有趣的东西来。

活动反思

本次活动较好地完成了目标要求。首先，对于混龄孩子来说活动内容是很新鲜、很有吸引力的，因此，幼儿在整个活动过程中兴致高昂，始终保持着浓厚的探究状态，课堂氛围活跃。其次，活动围绕主题环环相扣，形成良好的师幼互动。经过幼儿和家长共同添画、剪贴、装饰，落叶变成了一幅幅精美的树叶画，每幅作品都栩栩如生。"可爱的少女""威武的狮子""欢畅的小鱼""开屏的孔雀"……一幅幅形态各异、可爱有趣又精致的作品，充分体现了幼儿对日常生活的观察和他们丰富的想象力。再次，本活动分小组集体制作，幼儿和家长都能很好地融入其中，锻炼了幼儿的动手能力，提高了幼儿的想象力、创造力及团结协作的能力，增进了亲子间的互动和情感，增强了幼儿的集体荣誉感。

45 祖国妈妈我爱你

对象：混龄四班幼儿　　教师：李敏

对于生活在甜蜜环境下的幼儿来说，"十一"只是一个盛大的节日，可以休息七天，有好吃的、好玩的，到处都很热闹，而对这一节日的意义并不了解。对于大班幼儿，我们应该让他们了解一些历史知识，知道今天的幸福生活来之不易。

为了让幼儿感受节日气氛，激发幼儿的爱国情怀，此次活动我们邀请了家长和幼儿一起参加。通过主题活动的开展，让幼儿感受节日氛围，加深幼儿对祖国的认识，增进幼儿爱祖国、爱家乡的情感。

活动目标

1. 知道"十一"是祖国妈妈的生日，今天的幸福生活来之不易，是先辈用鲜血和生命换来的，我们一定要珍惜。
2. 通过自己动手制作等一系列活动，感受节日的热烈气氛，增进热爱祖国的情感。

活动准备

布置活动室，收集阅兵、升国旗、开国大典的视频和图片。活动前带领幼儿学习活动相关的知识、儿歌、古诗等。

材料：彩纸、大白纸、画纸、剪刀、彩笔、胶棒、双面胶、大头针、板报、一幅画等，国旗人手一面，国旗、国徽挂图一张，五块展板。

活动过程

1. 介绍活动主题——国庆节。
2. 观看1949年10月1日新中国成立视频。

重点介绍毛泽东主席（毛泽东，1893—1976，马克思列宁主义者，中国无产阶级革命家、政治家、军事家，中国共产党、中国人民解放军和中华人民共和国的主要缔造者和领袖。1949年9月，当选为中华人民共和国中央人民政府主席。10月1日在北京天安门庄严宣告中华人民共和国成立）。

3. 播放阅兵仪式视频，观看结束，请幼儿朗诵古诗《从军行》。

从军行

（唐　王昌龄）

青海长云暗雪山，孤城遥望玉门关。
黄沙百战穿金甲，不破楼兰终不还。

4. 观看升国旗视频。

幼儿在观看视频的同时齐唱《国歌》，并行注目礼。

幼儿背诵《看升旗》童谣。

教师：当国旗在天安门城楼上升起的那一刻，作为中国人我们感到无比骄傲和自豪，孩子们也很开心，请听歌曲《国旗国旗多美丽》。

教师小结：因为我们有一个伟大的党，人们才能过上安稳的生活，为了今天的幸福生活，我要歌唱。

5. 中国地大物博，拥有五千多年悠久的历史文明。祖国山河雄伟壮美，我们的家乡也有很多美丽的地方，请观看《家乡美》。

生活在这么美丽的城市，孩子们觉得很幸福，他们也想大声歌唱《祖国祖国我爱你》。

祖国祖国我爱你

小小蜡笔穿花衣，红黄蓝绿多美丽。

小朋友们多么欢喜，画个图画比一比。

画小鸟飞在蓝天里，画小草长在春天里。

你画太阳我画国旗，祖国祖国我们爱你。

……

幼儿用自己的方式歌唱、赞美祖国，唱出心中美丽的图画，他们更想用五彩的画笔画出祖国的美景，送给挚爱的亲人们。（分发笔纸，幼儿作画）

将幼儿分成四组，教师提出要求，讲明注意事项，注意学习习惯的培养。创作结束，集体到前面展示。

6. 让我们共同演唱一曲心中的歌《放心去飞》。

 活动延伸

请家长在国庆节假期时和幼儿一起观看阅兵仪式，节后教师组织幼儿进行一次谈话。

活动反思

此次活动开展得比较顺利，目标基本达成。幼儿园每周有一次升旗活动，孩子们都为能当上升旗手而努力着。

本次活动我们邀请了家长和孩子们一起参加，教师为幼儿讲解了有关祖国的知识，让幼儿知道10月1日是国庆节，了解国庆节的由来以及升国旗时应该唱国歌、行注目礼，还向幼儿介绍了祖国美丽的风光、丰富的物产等。在最后的祝福祖国绘画中，孩子们尽情地勾画，描绘对祖国未来的畅想，表达了对祖国母亲的祝福。

通过此次活动，大多数幼儿已知道国庆节的实际意义，了解了今天的幸福生活来之不易，加深了幼儿对祖国的认识，进一步增强了幼儿爱祖国、爱家乡的情感。

46 端午节——制作龙舟

对象：混龄二班幼儿　　教师：李奇

端午节是我国的传统节日，有着独特的风俗，如吃粽子、赛龙舟、挂香袋、系长命缕等。这些活动既能锻炼和发展幼儿的动手能力，又能增进幼儿对中华传统文化的了解。同时，通过介绍端午节的来历，让幼儿了解屈原的故事，能初步激发他们的民族自豪感。

活动目标

1. 欣赏视频，知道端午节是中华民族的传统节日，了解端午节的风俗和来历，对屈原产生崇敬之情。

2. 幼儿和家长共同制作龙舟，进行龙舟比赛，锻炼幼儿身体，增进与同伴之间的感情。

活动准备

1. 《过端午》儿歌。
2. 制作龙舟的材料：龙头、纸箱、彩纸、剪好的龙鳞片、剪刀、双面胶、胶棒等。

活动过程

1. 播放儿歌《过端午》，教师带领幼儿随音乐进入教室，师幼一起舞蹈。

2. 提问：小朋友们知道端午节吗？谁能告诉老师端午节是在什么时候？在这天我们会吃什么？（出示实物粽子）今天老师带来了粽子，请小朋友们看一看、摸一摸。

3. 观看有关端午节来历和习俗的视频，加深幼儿对端午节的了解；让幼儿了解屈原的故事，激发幼儿初步的民族自豪感。

4. 请幼儿朗读关于端午节的儿歌。

5. 制作龙舟：教师讲解操作方法，家长和幼儿共同完成。（1）先用彩纸把纸箱粘好。（2）将老师剪好的龙鳞片贴在粘好彩纸的纸箱上。

6. 赛龙舟：全体家长和幼儿拿着做好的龙舟到操场上，先由家长示范。将家长分成三组，选取一名家长做龙头，其余家长把粘好鳞片的纸箱套在身上，每组家长排成一排，以鼓声为令进行龙舟比赛。幼儿分成三组，排成一排，每组选一名大一点儿的孩子做龙头，家长们帮助幼儿套好"龙舟"，以鼓声为令进行龙舟比赛。活动中注意幼儿安全，依据幼儿情况可以多进行几次龙舟比赛。

7. 为每名幼儿发一个端午节小礼物——小粽子。

8. 全体合影，记录下本次活动的美好瞬间。

活动反思

任何活动都应建立在了解本班幼儿年龄特点和认知发展特点的基础上进行才会更有意义。本次活动中教师的语言组织及提问方式贴近幼儿，易于幼儿理解，有良好的活动氛围。活动中幼儿知道了端午节是中华民族的传统节日，了解了端午节的风俗和来历，在浓浓的亲子氛围中锻炼了幼儿的动手能力，增强了幼儿的合作意识。活动后我们让幼儿对端午节放假期间的所见所闻和与该节日相关的活动进行仔细观察、记忆，开学后与老师和其他小朋友分享。

47 走进车世界

对象：混龄三班幼儿　　教师：李雪娜

社会在不断地发展和进步，汽车作为人们生活中的交通工具走进了千家万户。孩子们，尤其是男孩子们，对汽车有着浓厚的兴趣，私下里经常会议论和车有关的事。但是孩子们对汽车的认识尚浅，仅仅停留在公交车和私家车的认识上，所以我们决定组织一次关于车的主题活动，让幼儿深入了解车的发展历史、演变过程、车的种类等与车有关的内容，也让幼儿通过动手实践近距离接触、认识汽车。

 活动目标

1. 了解车的发展过程，知道社会在进步。
2. 帮助幼儿认识不同种类的车，认识特殊种类车的作用。
3. 通过动手实践，让幼儿更近地接触车、了解车。

活动准备

汽车轮胎4个、水粉、小汽车玩具、彩纸、胶水、纸板、PPT课件等。

活动过程

1. 了解车的发展史

（1）教师播放PPT课件（车的发展史）。

（2）教师提问，师幼进行互动。

孩子们，你们看到了什么？描述一下它们是什么样子的。

（3）教师根据PPT课件讲述车的简单发展过程。

2. 认识特殊功能的车以及常见的汽车标志

（1）认识生活中特殊功能的车，如救护车、消防车、洒水车、警车等。讨论它们各自的功能。

（2）简单学习、了解生活中常见的车标。

3. 动手实践活动

（1）幼儿按年龄分成三组

大班组幼儿：彩绘车轮胎。

中班组幼儿：撕纸装饰车轮。

小班组幼儿：玩色彩装饰纸板汽车。

（2）幼儿进行动手实践活动，教师指导

（3）作品展示

4. 结束活动

幼儿进行滚轮胎比赛，获胜者有奖品。

活动反思

本次活动效果很好，幼儿通过活动知道了车的发展史，了解了特殊功能的车，也知道了马路上常见车的品牌。所有幼儿的动手能力都得到了很大的提高，幼儿的参与性很高。小班幼儿不愿结束活动，中、大班幼儿更是乐在其中。在活动中我们也发现了教育亮点，幼儿创作的作品色彩艳丽、形式多样。家长也在教育孩子方面有了很大提高，他们更进一步了解了幼儿园以幼儿为主体的教学方式。总之，这是一次幼儿、家长、老师共同成长的好机会。我们会继续将社会实践活动开展下去。

48 大手拉小手 快乐父亲节

对象：混龄六班幼儿　　教师：刘丽丽

每年6月份的第三个星期日是父亲节。以往，我们总是过"三八"妇女节、母亲节，唱的歌也总是《世上只有妈妈好》，幼儿对妈妈的情感和依恋远超过爸爸。其实，父亲也有其温柔的一面，父亲也有着与子女嬉戏的渴望。因此，利用父亲节设计此活动来激发幼儿关爱爸爸的意识，尽可能让幼儿体会情感，让幼儿知道爸爸工作的辛苦，自己也应该关心爸爸，并能用相应的语言表达出来。

活动目标

1. 愿意用简短的语句介绍自己的爸爸，能向同伴介绍爸爸的职业。
2. 理解爸爸工作的辛苦，乐意大胆表达对爸爸的爱。
3. 通过亲子游戏给父子提供交流的机会，增进父子、父女间的感情。

活动过程

1. 通过提问引出话题

小朋友，你知道父亲节是哪一天吗？（每年6月份的第三个星期日）我们每个人都有爸爸，每个人的爸爸都不一样。今天请小朋友来说说，自己的爸爸是什么样子的？他是做什么工作的？

在幼儿谈话过程中，教师为幼儿提供新的谈话经验。如：我的爸爸是医生，爸爸的工作很辛苦，每天都要给病人做手术，晚上还要看书、开会。我喜欢和爸爸在一起整理图书、做游戏等，还帮爸爸做其他事情。我喜欢我的爸爸……

2. 教师小结

我发现你们的爸爸本领都很大，每天上班很辛苦，希望我们小朋友能够关心爸爸。父亲节到了，你要为爸爸做什么事来表达对他的爱呢？你可以为爸爸做些什么事让爸爸高兴呢？（抱抱、亲亲爸爸，给爸爸倒水、捶背等）

3. 亲子游戏

（1）蒙眼找宝宝：用毛巾把家长的眼睛蒙住，幼儿站在家长对面不能发出声音，家长根据自己孩子的特征找到自己的孩子，考验爸爸与幼儿的默契度。

（2）针线活：爸爸往T恤上缝纽扣，看看哪个爸爸的手巧。

（3）揪尾巴：考验爸爸和幼儿配合得是否默契。

（4）亲子画T恤：孩子与爸爸共同在T恤上创作，完成作品。

4. 结束部分

音乐响起，幼儿亲自为爸爸颁奖。师：在繁忙的工作之余留点儿时间陪伴孩子，在孩子成长的过程中留下更多美好的回忆。

活动反思

父亲的角色在孩子的成长道路上是不可或缺的。通过亲子游戏，爸爸与孩子互动，让孩子亲近了爸爸，让爸爸了解了孩子。大家也都有共同的感悟，在繁忙的工作之余留点儿时间陪伴孩子，在孩子成长的过程中留下更多美好的回忆。

49 吃火锅

对象：混龄三班幼儿　　教师：刘伟星

很多幼儿习惯了衣来伸手、饭来张口，不会劳动，也没有机会劳动，很少能体会到劳动的快乐。结合北方冬季寒冷的特点，我们特别设计了本次主题活动，让幼儿在"吃火锅"活动的各个环节中体验劳动的快乐，一起感受摘菜、洗菜的劳动过程，培养幼儿劳动的兴趣，体验集体分工合作的快乐。

活动目标

1. 学习摘菜、洗菜。
2. 培养幼儿爱劳动的品质。
3. 体验大家一起吃火锅的快乐。

活动准备

涮火锅用的各种蔬菜、肉类等。

活动过程

1. 开始部分
（1）提出问题：冬天里吃什么会使身体暖和？引出火锅。
（2）向幼儿介绍火锅的来历。
2. 进行部分
（1）让幼儿介绍自己带来的各种涮锅材料。
（2）教师介绍各种蔬菜的摘法。
（3）幼儿摘菜，感受劳动的快乐。
（4）教师介绍各种蔬菜的清洗方法。
（5）幼儿清洗蔬菜。
3. 吃火锅
（1）教师介绍吃火锅的注意事项。小心热汤，防止烫伤，吃的时候懂得谦让。
（2）幼儿一起品尝火锅，享受劳动的快乐。
4. 结束部分
（1）分类整理餐具。
（2）幼儿和教师一起打包，清理卫生。

活动反思

　　吃火锅是北方人冬季的特色活动之一，但吃火锅的过程很复杂，需要经过摘菜、洗菜、拌料、烧水等过程。幼儿在家里只是享受了吃的过程，他们没有感受过自己动手劳动带来的快乐。通过这一实践活动，幼儿不仅认识了蔬菜，还学会了摘菜和洗菜的方法，享受到劳动的快乐。活动过后，我们在延伸活动"学做值日生"中，评选优秀值日生，让所有的小朋友向他们学习，同时我们也把幼儿劳动的照片发给家长，让家长了解幼儿也可以做一些力所能及的事情，建议在家里也可以让幼儿适当参与劳动，让幼儿感受到劳动的快乐，培养他们从小爱劳动的好品质。

50 地震来了

对象：混龄三班幼儿　　教师：刘伟星

为了让幼儿了解地震可能给人们带来的伤害，学习地震的应急避险知识，掌握应对地震发生时采取的防护措施和自我保护方法，提高幼儿的自我保护意识，减少地震来临时的恐慌，特设计本次实践活动。

活动目标

1. 让幼儿了解地震可能给人们带来的伤害。
2. 知道地震来临时的简单防护和躲避方法。
3. 提高幼儿的自我保护意识。

活动准备

地震后的图片。

活动过程

1. 开始部分

（1）带幼儿观察地震后的图片，让幼儿了解地震可能给人们带来的伤害。

（2）和幼儿一起讨论地震来临时应该怎么办。

2. 进行部分

（1）教会幼儿在室内应该就近躲避，采用坐下或蹲下的方式，尽量蜷曲身体，躲在桌子旁边或墙角处等。

（2）学习躲避的姿势，用胳膊保护眼睛，双手交叉放在脑后。

（3）在走廊的幼儿就近躲避，不要躲在窗户边上。

（4）在室外的幼儿跑到空旷的地方，双手放在头上，防止被砸伤。

3. 结束部分

模拟地震来临，让幼儿了解怎样紧急躲避。在室内、走廊、室外选择安全的地方，采用正确的姿势保护好自己的重要部位。在逃生、撤离的过程中要听从教师的指挥，不乱跑。

幼儿对地震并不熟悉。通过看图片，大班组和中班组的幼儿已经对地震有了初步的认识，知道地震是一种自然现象，地震来临的时候会非常危险。幼儿对活动也很感兴趣，特别是在实践体验的环节，孩子们都非常认真地进行躲避、撤离。但是3岁左右的小班组幼儿很难进入活动状态，一直在看热闹。针对这一现象，我们反思教育应该符合幼儿的年龄特点，因此，我们又通过故事和漫画的形式，重新为小班组幼儿介绍了关于地震的知识，孩子们感兴趣了，也了解得更多了。

51 快乐自助餐

对象：混龄三班幼儿　　教师：刘伟星

吃和玩是孩子们的天性，也是他们一日生活的重要组成部分。现在多数幼儿家庭条件优越，挑食、偏食现象越来越严重。为了让孩子们更好地了解食物的重要性，帮助他们改掉挑食、偏食的不良习惯，我们让家长们走进课堂，讲述食物的制作过程，通过家长们的讲解，让幼儿了解各种食物的营养，对食物更感兴趣，由此设计了本次"快乐自助餐"活动。

 活动目标

1. 了解简单菜的制作过程，知道几种常见菜所含的营养。
2. 帮助幼儿改掉挑食、偏食的不良习惯。
3. 体验自助用餐的快乐。

 活动准备

请每个家庭准备做一个菜所需的原料，现场制作；教师提供自助餐的餐具，布置场地。

活动过程

1. 开始部分

（1）请幼儿说说自己喜欢吃的食物。引出生活中的食物种类很多，每种食物都含有不同的营养。

（2）根据幼儿的谈话，教师进行小结，告诉幼儿有些东西没有营养，对身体没有好处，以后不要吃了。

（3）介绍今天的活动内容：家长为我们准备了好吃、卫生又有营养的食物。

2. 进行部分

（1）根据幼儿的年龄进行分组，请各位家长介绍和制作自己准备的菜。

（2）大家一起自助分享家长们制作好的各种菜。

（3）请幼儿介绍自己家长做的菜及营养成分。

3. 结束部分

（1）整理活动，请幼儿和教师一起整理餐具。教育幼儿正确打包剩菜，不浪费，将餐具分类整理摆放到指定的地方。

（2）谈话活动

请幼儿说一说今天自己都吃了哪几种菜。

请个别幼儿介绍家长做菜的方法和步骤。

请幼儿介绍这些菜对我们的身体都有哪些好处。

（3）教师小结：我们想要健康成长，就不要吃没有营养、不卫生的食物，要做一个不挑食、不偏食、不浪费粮食的好孩子。

活动反思

活动的开始环节是集体谈话，幼儿根据自己的想法说出自己喜欢吃的食物的名称，教师根据幼儿的回答情况，小结出哪些是不健康的食品，告诉幼儿以后不要吃。随后教师将幼儿分成了三组，每组十人左右，避免了幼儿在活动中等待时间过长，这也是本次实践活动的亮点部分。分享部分，各组家长将做好的食物放到一起，让幼儿自主选择自己喜欢的食物，孩子们会自己沟通各种食物的名称及营养价值。这样的效果非常好，使整个活动过程更加完整，完全体现出了以幼儿为主体的活动主旨。教师适时引导，让幼儿知道不能浪费，吃多少取多少。在整理环节，幼儿表现得更好，对剩下的食物分类打包，收拾餐具，在大孩子们的带动下，小孩子们也很乐意参与到劳动中，体验集体劳动的乐趣。这个活动有利于改善幼儿的挑食、偏食现象，我也决定在活动区的娃娃家中丰富操作材料，让幼儿的这一实践活动有一个延伸，帮助幼儿建立爱劳动、不偏食、不挑食的良好生活习惯。

52 迎国庆——亲子创意美术制作

对象：混龄一班幼儿　　教师：刘宇池

金秋十月，举国同庆。为进一步培养幼儿的创造力、想象力和动手能力，增进亲子间的感情，体验亲子合作的乐趣，我们设计了"迎国庆——亲子创意美术制作"活动，让幼儿感受祖国的美，家长和幼儿一起亲密合作，用各种艺术表现形式创作生动有趣的作品。

活动目标

1. 在制作中感受祖国的美，表达热爱祖国的情感。
2. 感受亲子制作的乐趣。
3. 培养幼儿的审美情趣，体验创作的成就感。

 活动准备

1. 节日前搜集家乡和祖国建设成就的各种图片。
2. 观察街道为迎接国庆节所进行的环境布置。
3. 材料：十米长白布，油画棒、彩笔等各种绘画材料。

 活动过程

1. 介绍十月一日是国庆节，是祖国妈妈的生日。
2. 通过图片让幼儿了解国庆节的来历，教育幼儿今天的幸福生活来之不易，要好好珍惜。
3. 进行亲子绘画活动。
（1）教师向幼儿展示画布，介绍绘画材料。
（2）对幼儿提出绘画要求，鼓励幼儿用自己的方式进行绘画创作。
（3）鼓励幼儿尝试创作不同的内容，如天安门、国旗、长城、故宫、天坛等，并说一说自己画的是什么，表达了怎样的情感。
（4）对祖国妈妈说一句祝福的话。
4. 作品展示，合影留念。

活动反思

通过这次活动，幼儿记住了祖国妈妈的生日是十月一日，增强了幼儿的民族自豪感。在主题绘画过程中，孩子们充分发挥自己的想象，用一双双小手绘出了一幅幅色彩斑斓的作品，表达了自己对祖国的无限热爱之情。通过绘画的形式，幼儿的动手能力和创造力都得到了提高，增进了幼儿对国庆节的了解，激发了幼儿的爱国热情和民族自豪感。

53 包饺子

对象：混龄五班幼儿　　教师：王立曼

过新年时包饺子是传统习俗，在新年即将到来之际，我们以亲子活动的形式开展此次活动，旨在让家长与孩子通过共同制作饺子增进感情，感受新年的节日气氛。

活动目标

1. 让幼儿了解关于饺子的文化，对包饺子产生兴趣。
2. 锻炼幼儿的生活能力和动手能力，培养幼儿爱劳动的好习惯。
3. 加深家园情、师生情、亲子情。

 活动准备

湿纸巾、擀面杖、白面、饺子馅、勺子等。

 活动过程

1. 了解饺子的来历

教师讲述饺子的来历。

2. 包饺子

（1）教师示范包饺子的过程：将饺子馅放在饺子皮中央，先对捏饺子皮中间部分，然后由中间向两边将饺子皮边缘捏好，这样饺子下锅时就不会漏汤。

（2）幼儿分桌包饺子，家长提供帮助。

3. 游戏（食堂煮饺子）

分三组游戏。

小班组：小鸟回家。中班组：快乐一家亲。大班组：我喂爸爸吃豆。

4. 分享饺子

吃饺子环节让人感到暖心加感动。家长喂孩子吃饺子，孩子喂家长吃饺子……快乐与感恩在每一个家庭中久久回荡。

活动反思

通过本次活动幼儿懂得了爱惜粮食，并体验了做饭的辛苦，了解了中国的传统饮食文化，感受了新年的节日气氛。教师鼓励家长在家里多为孩子提供一些干家务活的机会，让孩子感受成人的辛苦。引导幼儿懂得珍惜别人的劳动成果，要怀有一颗感恩的心。这样的活动我们班还会多多开展，多给家长们一些机会，让他们近距离感受孩子们的快乐成长。本次活动圆满成功，我们会继续结合幼儿的年龄特点设计出更多生活化的亲子活动，使家园更和谐、共进步。

54 安全标志

对象：混龄二班幼儿　　教师：徐立

幼儿年龄较小，安全意识薄弱。本次活动旨在让幼儿认识生活中常见的安全标志，丰富幼儿的社会认知经验，培养幼儿遵守规则的意识和习惯。同时，引导幼儿为幼儿园其他场所设计、制作标志，激发幼儿的创造力和责任感。

 活动目标

1. 认识安全标志（禁止标志和警告标志）。
2. 培养幼儿养成遵守规则的好习惯。
3. 设计一款安全标志。

 活动准备

自制安全标志（严禁、警告），硬纸卡若干，水彩笔。

活动过程

1. 认识安全标志

（1）出示几种常见的安全标志（如：禁止吸烟、禁止鸣笛）。

教师提问：这是什么标志？在什么地方见过？有什么用处？

它们一样吗？哪儿不一样？都是什么样子的？（引导幼儿仔细观察，说出标志的特征）

教师小结：这些标志都是用来确保安全的，所以都是安全标志。但它们又有所不同，一种是红色圆圈里有一条红色斜线，它告诉人们不准做什么或禁止做什么，叫作严禁标志；另一种是黄底黑边三角标志，它提醒人们要注意什么，叫作警告标志。

（2）教师再出示几种幼儿不太熟悉的安全标志，提问：它们都是什么标志？你是怎么知道的？

（3）教师拓宽思路，提问：你还在什么地方见过哪些严禁标志和警告标志？（提醒幼儿注意留心观察）

（4）集体讨论：看到这些标志，大家应该怎么做？

教师小结：引导幼儿正确认识这些标志，并能在日常生活中依照这些安全标志，认真遵守规则。

2. 制作安全标志

（1）请幼儿当小小设计师，为自己生活的环境（幼儿园或家）设计一些安全标志，如禁止摘花、严禁在室内大喊、当心烫伤、当心门缝夹手等。

（2）介绍自己设计的标志。（是什么标志？应放在什么地方？有什么用处？）

（3）分析讨论：谁的标志设计得好？为什么？（启发幼儿把想要说的话用图案表达清楚）

（4）将自己设计的标志贴在幼儿园（或家中）相应的地方。

此次活动旨在引导幼儿认识不同的安全标志，并设计标志。标志设计好以后贴在相应的位置，鼓励幼儿争当"安全小卫士"，提醒大家遵守标志的要求。本次活动增强了幼儿对安全标志的认识，培养了幼儿的安全感和责任感，进一步树立了幼儿的规则意识。

55 重阳节亲子活动

对象：混龄二班幼儿　　教师：徐立

感恩，是一种美德，是一种境界。
感恩，是值得你用一生去等待的一次宝贵机会。
感恩，是发自内心的无言的永恒回报。
感恩，让生活充满阳光，让世界充满温馨。
设计重阳节亲子活动，目的是让幼儿学会感恩。

 活动目标

1. 知道农历九月初九是我国的重阳节，知道重阳节又叫"老人节"，是爷爷奶奶的节日。
2. 了解一些重阳节的风俗习惯；知道尊老、敬老是中华民族的传统美德，懂得尊敬老人，愿意为老人献爱心。
3. 制作蛋糕，为老人献上一份美味的礼物。

 活动准备

幻灯片、音乐、制作蛋糕的工具和材料。

活动过程

1. 请爷爷奶奶入座
2. 播放幻灯片，了解重阳节的风俗习惯

教师：每年的农历九月初九是重阳节，是中国的传统节日，也是我们爷爷奶奶的节日，今天我们小朋友和爷爷奶奶一起过重阳节，现在我们一起送上祝福的话：祝爷爷奶奶身体健康，重阳节快乐！

3. 集体大联欢，幼儿表演

教师：小朋友上幼儿园已经有一段时间了，你们学会了很多本领，今天我们和爷爷奶奶共同庆祝重阳节，让我们一起来表演节目给爷爷奶奶们看，好吗？

（1）全体幼儿背诵古诗《九月九日忆山东兄弟》。
（2）歌表演《我为爷爷奶奶捶捶背揉揉肩》。
（3）老师和小朋友一起演唱歌曲《重阳糕》。
（4）律动表演《我是最棒的》。

4. 感恩送温情

教师：小朋友们都知道爷爷奶奶年轻的时候很辛苦，现在他们年纪大了，需要人关心，小朋友们现在就可以去给爷爷奶奶捶捶背、捏捏腿，让他们放松一下，并说些贴心的话，亲一亲、抱一抱爷爷奶奶。

5. 亲子共同制作蛋糕

教师：小朋友们去把爷爷奶奶请上来，我们一起制作蛋糕。

6. 全体唱《感恩的心》
7. 和老人拍照留念

农历九月初九是我国的重阳节，又叫"老人节"。尊老、爱老、敬老是中华民族的传统美德。重阳节带给我们的不仅是登高、赏菊、吃重阳糕，更是一种信息：老年人需要关爱、需要关注、需要健康和快乐。此次活动为幼儿营造了一个和谐的氛围，让孩子们从小懂得要尊老、爱老、敬老，使感恩的优良传统代代传承。

56 保护环境从我做起

对象：混龄三班幼儿　　教师：于冬

当前，环境污染问题严重，保护地球，保护环境，是我们的当务之急。本次活动通过说故事的方式，让幼儿初步了解动物对环境的作用。同时，采用多媒体课件的方式使故事变得妙趣横生，在故事情节的启发下，幼儿的思维更加活跃，眼界也更加开阔。这也是幼儿大胆参与表述和讨论的好时机。此次活动旨在引导幼儿了解动物也是环境的保护者，从而让孩子们懂得保护动物、保护地球、保护环境。

活动目标

1. 能完整讲述故事中几种动物清洁地球的本领。
2. 知道动物可以保护环境。
3. 树立环保意识。

活动准备

PPT、背景音乐、塑料袋、环保标志。

活动过程

1. 出示地球公公伤心的图片，激发幼儿探索的兴趣，请幼儿说说图片的含义。
2. 出示环境污染（如空气污染、沙尘污染、海水污染、尾气污染等）的图片，引导幼儿结合自己的生活经验进行讲述，并想一想治理的办法，知道保护环境是很重要的事情。
3. 教师播放 PPT，完整讲述一遍故事《地球招聘清洁工》，在讲述之前抛出问题，让幼儿看完以后进行回答并小结。
4. 为幼儿准备塑料袋、佩戴环保标志，带领幼儿和家长一起到户外进行捡垃圾活动。孩子们对这次活动很感兴趣，捡了很多垃圾，不仅提高了自己的保护意识，还起到了很好的宣传作用。

活动反思

本次活动利用《地球招聘清洁工》这个绘本故事引出活动主题，引导幼儿了解动物对环境保护的作用及重要性。为了深入主题，在最后还增加了捡垃圾这一环节，孩子们佩戴环境小卫士标志，手拿垃圾袋，积极性特别高。在活动中，幼儿和家长不仅看到垃圾能主动捡起来，而且看到有人乱扔垃圾还会及时劝阻。通过本次活动，幼儿懂得了要爱护大自然，亲近大自然，保护大自然。

57 春游

对象：混龄二班幼儿　　教师：于海鹏

为了让幼儿开阔视野，增长见识，亲近大自然，感受生活，让幼儿感受人与自然和谐的重要性，增强环保意识，我们设计了带幼儿到大梨树春游的活动。在活动中进一步引导幼儿感受春天的变化，发现大自然的美，使他们萌发热爱周围环境、感受家乡文化、爱家乡的情感。

活动目标

1. 让幼儿充分感受集体外出的兴奋和喜悦。
2. 寻找和观察春天的美景，感受大自然的各种变化。
3. 知道要跟着老师和同伴，不擅自离开集体。

活动准备

1. 与家长联系，通知家长帮幼儿准备一些零食、纸巾、垃圾袋等。
2. 家长配合讲述出游时的安全知识。

活动过程

1. 稳定幼儿情绪，做好准备工作（上厕所、带齐物品）。

早上8：30在幼儿园集合，清点人数。8：45准时出发。教师做好安全工作。

2. 带领幼儿排齐队伍，提醒幼儿注意安全，关注个别幼儿情绪。鼓励幼儿独自行走，不跑跳、不推挤、不掉队。

3. 活动目的地——大梨树。

（1）和幼儿一起寻找、观察春天的景色，发现春天的树、草、花的变化。

（2）组织幼儿一起参观大梨树青年点。

（3）组织幼儿进行简单的游戏：击鼓传花、木头人等。

（4）教师与幼儿拍照留念。

（5）幼儿和同伴分享自己带来的食物，教师引导幼儿保持卫生，将垃圾放进垃圾袋中。

4. 活动结束：清理卫生，教师清点人数，带队回幼儿园。

"大自然、大社会是我们的活教材。"通过活动，幼儿亲近自然、感受生活。一路上孩子们兴奋不已，到了目的地，便迫不及待地投入春天的怀抱，迎着温暖的阳光，感受春的美妙，嫩绿的小草、和煦的春风、柔软的柳枝、婉转的鸟鸣……在春天的怀抱里，孩子们尽情地玩耍、嬉戏，在老师的带领下，孩子们还参观了青年点，感受到青年点的时代文化。玩累了，孩子们在草地中央和同伴一起分享食物，体验集体生活的乐趣。活动结束前，孩子们还不忘整理休息场地，将留下的垃圾都扔进垃圾袋里，保持环境的整洁。幼儿在活动中充分感受到了春天的气息，开阔了视野，愉悦了身心，同时也激发了幼儿热爱家乡、热爱大自然的情感！

ⓒ 刘伟 徐晖 2018

图书在版编目（CIP）数据

成长的快乐：幼儿社会实践活动探索 / 刘伟, 徐晖主编. — 大连：辽宁师范大学出版社, 2018.6
ISBN 978-7-5652-2636-6

Ⅰ.①成… Ⅱ.①刘… ②徐… Ⅲ.①社会实践—活动课程—教学研究—学前教育 Ⅳ.①G612

中国版本图书馆CIP数据核字(2018)第105988号

Chengzhang De Kuaile　You'er Shehui Shijian Huodong Tansuo
成长的快乐——幼儿社会实践活动探索

出 版 人：	王　星
责任编辑：	孙晓艳
责任校对：	衣媛媛
装帧设计：	周佰惠

出 版 者：	辽宁师范大学出版社
地　　址：	大连市黄河路850号
网　　址：	http://www.lnnup.net
	http://www.press.lnnu.edu.cn
邮　　编：	116029
营销电话：	（0411）84206854　84215261　82159912（教材）
印 刷 者：	大连图腾彩色印刷有限公司
发 行 者：	辽宁师范大学出版社

幅面尺寸：	170mm×240mm
印　　张：	7.5
字　　数：	120千字

出版时间：2018年6月第1版
印刷时间：2018年6月第1次印刷
书　　号：ISBN 978-7-5652-2636-6
定　　价：40.00元